SCHMERZ TAGEBUCH

NAME	
ANSCHRIFT	
TELEFONNUMMER	
E-MAIL ADRESSE	

INHALTSVERZEICHNIS

DATUM	UHRZEIT	PRAXIS / ARZT

DATUM	UHRZEIT	PRAXIS / ARZT

DATUM	UHRZEIT	PRAXIS / ARZT

DATUM	UHRZEIT	PRAXIS / ARZT

DATUM	UHRZEIT	PRAXIS / ARZT

DATUM	UHRZEIT	PRAXIS / ARZT

MEDIKAMENT DOSIERUNG, BESONDERHEITEN	EINNAHME
	☐ MORGENS ☐ MITTAGS ☐ ABENDS ☐ NACHTS ☐ NACH BEDARF
	☐ MORGENS ☐ MITTAGS ☐ ABENDS ☐ NACHTS ☐ NACH BEDARF
	☐ MORGENS ☐ MITTAGS ☐ ABENDS ☐ NACHTS ☐ NACH BEDARF
	☐ MORGENS ☐ MITTAGS ☐ ABENDS ☐ NACHTS ☐ NACH BEDARF
	☐ MORGENS ☐ MITTAGS ☐ ABENDS ☐ NACHTS ☐ NACH BEDARF
	☐ MORGENS ☐ MITTAGS ☐ ABENDS ☐ NACHTS ☐ NACH BEDARF
	☐ MORGENS ☐ MITTAGS ☐ ABENDS ☐ NACHTS ☐ NACH BEDARF
	☐ MORGENS ☐ MITTAGS ☐ ABENDS ☐ NACHTS ☐ NACH BEDARF
	☐ MORGENS ☐ MITTAGS ☐ ABENDS ☐ NACHTS ☐ NACH BEDARF
	☐ MORGENS ☐ MITTAGS ☐ ABENDS ☐ NACHTS ☐ NACH BEDARF

MEDIKAMENT DOSIERUNG, BESONDERHEITEN	EINNAHME
	☐ MORGENS ☐ MITTAGS ☐ ABENDS ☐ NACHTS ☐ NACH BEDARF
	☐ MORGENS ☐ MITTAGS ☐ ABENDS ☐ NACHTS ☐ NACH BEDARF
	☐ MORGENS ☐ MITTAGS ☐ ABENDS ☐ NACHTS ☐ NACH BEDARF
	☐ MORGENS ☐ MITTAGS ☐ ABENDS ☐ NACHTS ☐ NACH BEDARF
	☐ MORGENS ☐ MITTAGS ☐ ABENDS ☐ NACHTS ☐ NACH BEDARF
	☐ MORGENS ☐ MITTAGS ☐ ABENDS ☐ NACHTS ☐ NACH BEDARF
	☐ MORGENS ☐ MITTAGS ☐ ABENDS ☐ NACHTS ☐ NACH BEDARF
	☐ MORGENS ☐ MITTAGS ☐ ABENDS ☐ NACHTS ☐ NACH BEDARF
	☐ MORGENS ☐ MITTAGS ☐ ABENDS ☐ NACHTS ☐ NACH BEDARF
	☐ MORGENS ☐ MITTAGS ☐ ABENDS ☐ NACHTS ☐ NACH BEDARF

MEDIKAMENT DOSIERUNG, BESONDERHEITEN	EINNAHME
	☐ MORGENS ☐ MITTAGS ☐ ABENDS ☐ NACHTS ☐ NACH BEDARF
	☐ MORGENS ☐ MITTAGS ☐ ABENDS ☐ NACHTS ☐ NACH BEDARF
	☐ MORGENS ☐ MITTAGS ☐ ABENDS ☐ NACHTS ☐ NACH BEDARF
	☐ MORGENS ☐ MITTAGS ☐ ABENDS ☐ NACHTS ☐ NACH BEDARF
	☐ MORGENS ☐ MITTAGS ☐ ABENDS ☐ NACHTS ☐ NACH BEDARF
	☐ MORGENS ☐ MITTAGS ☐ ABENDS ☐ NACHTS ☐ NACH BEDARF
	☐ MORGENS ☐ MITTAGS ☐ ABENDS ☐ NACHTS ☐ NACH BEDARF
	☐ MORGENS ☐ MITTAGS ☐ ABENDS ☐ NACHTS ☐ NACH BEDARF
	☐ MORGENS ☐ MITTAGS ☐ ABENDS ☐ NACHTS ☐ NACH BEDARF
	☐ MORGENS ☐ MITTAGS ☐ ABENDS ☐ NACHTS ☐ NACH BEDARF

MEDIKAMENT DOSIERUNG, BESONDERHEITEN	EINNAHME
	☐ MORGENS ☐ MITTAGS ☐ ABENDS ☐ NACHTS ☐ NACH BEDARF
	☐ MORGENS ☐ MITTAGS ☐ ABENDS ☐ NACHTS ☐ NACH BEDARF
	☐ MORGENS ☐ MITTAGS ☐ ABENDS ☐ NACHTS ☐ NACH BEDARF
	☐ MORGENS ☐ MITTAGS ☐ ABENDS ☐ NACHTS ☐ NACH BEDARF
	☐ MORGENS ☐ MITTAGS ☐ ABENDS ☐ NACHTS ☐ NACH BEDARF
	☐ MORGENS ☐ MITTAGS ☐ ABENDS ☐ NACHTS ☐ NACH BEDARF
	☐ MORGENS ☐ MITTAGS ☐ ABENDS ☐ NACHTS ☐ NACH BEDARF
	☐ MORGENS ☐ MITTAGS ☐ ABENDS ☐ NACHTS ☐ NACH BEDARF
	☐ MORGENS ☐ MITTAGS ☐ ABENDS ☐ NACHTS ☐ NACH BEDARF
	☐ MORGENS ☐ MITTAGS ☐ ABENDS ☐ NACHTS ☐ NACH BEDARF

MEDIKAMENT DOSIERUNG, BESONDERHEITEN	EINNAHME
	☐ MORGENS ☐ MITTAGS ☐ ABENDS ☐ NACHTS ☐ NACH BEDARF
	☐ MORGENS ☐ MITTAGS ☐ ABENDS ☐ NACHTS ☐ NACH BEDARF
	☐ MORGENS ☐ MITTAGS ☐ ABENDS ☐ NACHTS ☐ NACH BEDARF
	☐ MORGENS ☐ MITTAGS ☐ ABENDS ☐ NACHTS ☐ NACH BEDARF
	☐ MORGENS ☐ MITTAGS ☐ ABENDS ☐ NACHTS ☐ NACH BEDARF
	☐ MORGENS ☐ MITTAGS ☐ ABENDS ☐ NACHTS ☐ NACH BEDARF
	☐ MORGENS ☐ MITTAGS ☐ ABENDS ☐ NACHTS ☐ NACH BEDARF
	☐ MORGENS ☐ MITTAGS ☐ ABENDS ☐ NACHTS ☐ NACH BEDARF
	☐ MORGENS ☐ MITTAGS ☐ ABENDS ☐ NACHTS ☐ NACH BEDARF
	☐ MORGENS ☐ MITTAGS ☐ ABENDS ☐ NACHTS ☐ NACH BEDARF

MEDIKAMENT DOSIERUNG, BESONDERHEITEN	**EINNAHME**
	☐ MORGENS ☐ MITTAGS ☐ ABENDS ☐ NACHTS ☐ NACH BEDARF
	☐ MORGENS ☐ MITTAGS ☐ ABENDS ☐ NACHTS ☐ NACH BEDARF
	☐ MORGENS ☐ MITTAGS ☐ ABENDS ☐ NACHTS ☐ NACH BEDARF
	☐ MORGENS ☐ MITTAGS ☐ ABENDS ☐ NACHTS ☐ NACH BEDARF
	☐ MORGENS ☐ MITTAGS ☐ ABENDS ☐ NACHTS ☐ NACH BEDARF
	☐ MORGENS ☐ MITTAGS ☐ ABENDS ☐ NACHTS ☐ NACH BEDARF
	☐ MORGENS ☐ MITTAGS ☐ ABENDS ☐ NACHTS ☐ NACH BEDARF
	☐ MORGENS ☐ MITTAGS ☐ ABENDS ☐ NACHTS ☐ NACH BEDARF
	☐ MORGENS ☐ MITTAGS ☐ ABENDS ☐ NACHTS ☐ NACH BEDARF
	☐ MORGENS ☐ MITTAGS ☐ ABENDS ☐ NACHTS ☐ NACH BEDARF

DATUM	MO	DI	MI	DO	FR	SA	SO

INTENSITÄT	1	2	3	4	5	6	7	8	9	10

WETTER	TEMPERATUR

SCHMERZORT

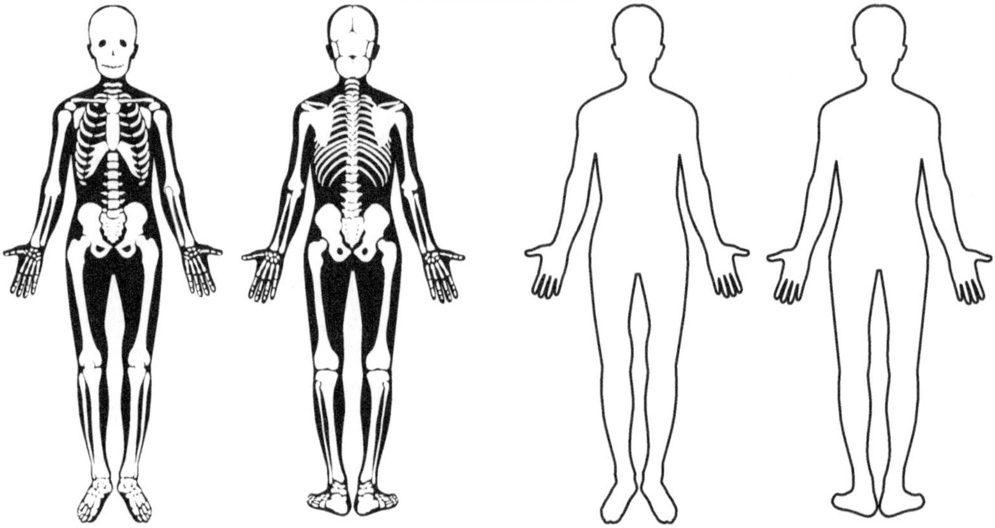

SCHMERZART

- ☐ STECHEND
- ☐ GLEICHBLEIBEND
- ☐ BRENNEND
- ☐ DUMPF
- ☐ WANDERND
- ☐ SCHNEIDEND
- ☐ ZIEHEND
- ☐ HÄMMERND
- ☐ KRAMPFARTIG
- ☐ POCHEND
- ☐ QUÄLEND
- ☐ UNERTRÄGLICH
- ☐ ERMÜRBEND
- ☐ REIßEND
- ☐ PULSIEREND
- ☐ ______________
- ☐ ______________
- ☐ ______________

ERNÄHRUNG	BEWEGUNG / SPORT

SYMPTOME

AUSLÖSER

HILFSMAßNAHMEN/WIRKUNG

NOTIZEN

DATUM	MO	DI	MI	DO	FR	SA	SO

INTENSITÄT	1	2	3	4	5	6	7	8	9	10

WETTER	TEMPERATUR

SCHMERZORT

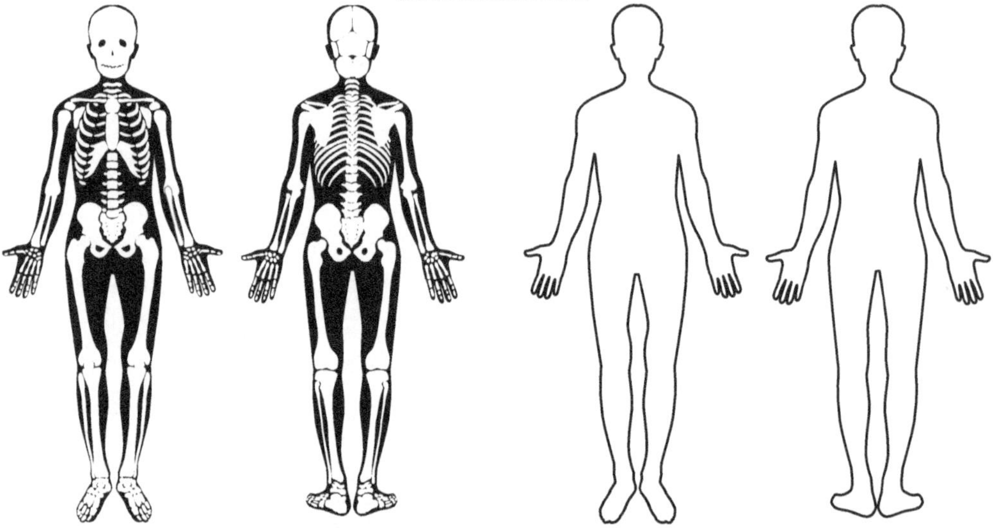

VORNE HINTEN VORNE HINTEN

SCHMERZART

☐ STECHEND	☐ ZIEHEND	☐ ERMÜRBEND
☐ GLEICHBLEIBEND	☐ HÄMMERND	☐ REIßEND
☐ BRENNEND	☐ KRAMPFARTIG	☐ PULSIEREND
☐ DUMPF	☐ POCHEND	☐ ____________
☐ WANDERND	☐ QUÄLEND	☐ ____________
☐ SCHNEIDEND	☐ UNERTRÄGLICH	☐ ____________

ERNÄHRUNG	BEWEGUNG / SPORT

SYMPTOME

AUSLÖSER

HILFSMAẞNAHMEN/WIRKUNG

NOTIZEN

DATUM	MO	DI	MI	DO	FR	SA	SO

INTENSITÄT	1	2	3	4	5	6	7	8	9	10

WETTER	TEMPERATUR

SCHMERZORT

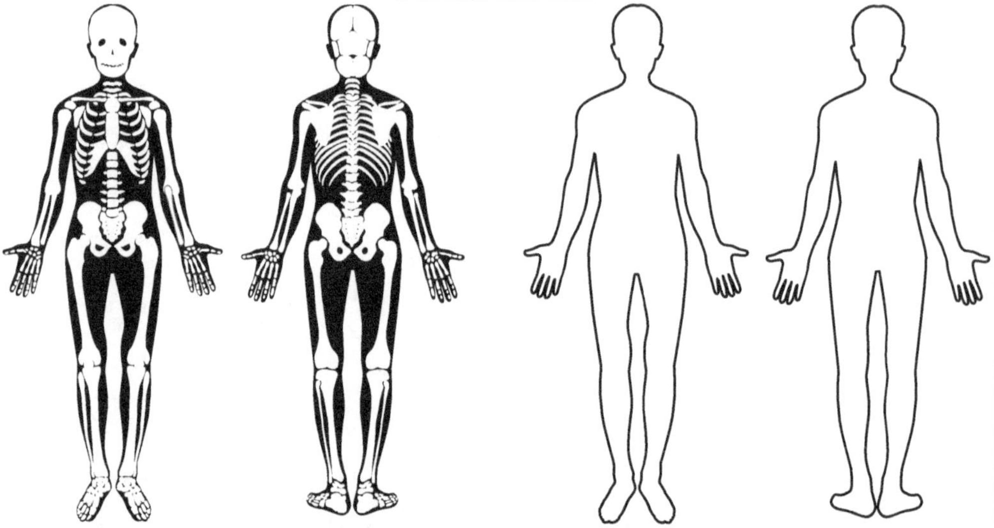

VORNE HINTEN VORNE HINTEN

SCHMERZART

☐ STECHEND	☐ ZIEHEND	☐ ERMÜRBEND
☐ GLEICHBLEIBEND	☐ HÄMMERND	☐ REIßEND
☐ BRENNEND	☐ KRAMPFARTIG	☐ PULSIEREND
☐ DUMPF	☐ POCHEND	☐ ____________
☐ WANDERND	☐ QUÄLEND	☐ ____________
☐ SCHNEIDEND	☐ UNERTRÄGLICH	☐ ____________

ERNÄHRUNG	BEWEGUNG / SPORT

SYMPTOME

AUSLÖSER

HILFSMAẞNAHMEN/WIRKUNG

NOTIZEN

DATUM	MO	DI	MI	DO	FR	SA	SO

INTENSITÄT	1	2	3	4	5	6	7	8	9	10

WETTER	TEMPERATUR

SCHMERZORT

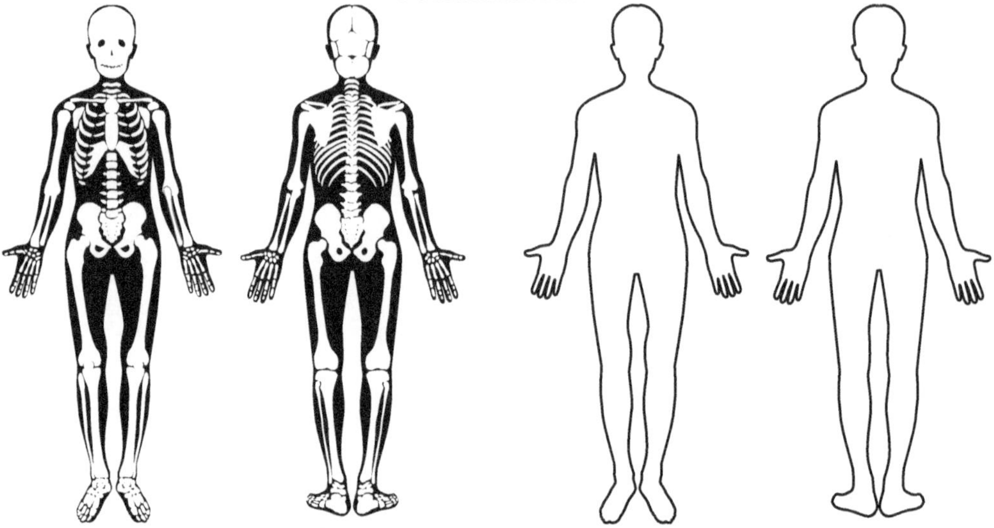

VORNE HINTEN VORNE HINTEN

SCHMERZART

- ☐ STECHEND
- ☐ GLEICHBLEIBEND
- ☐ BRENNEND
- ☐ DUMPF
- ☐ WANDERND
- ☐ SCHNEIDEND
- ☐ ZIEHEND
- ☐ HÄMMERND
- ☐ KRAMPFARTIG
- ☐ POCHEND
- ☐ QUÄLEND
- ☐ UNERTRÄGLICH
- ☐ ERMÜRBEND
- ☐ REIßEND
- ☐ PULSIEREND
- ☐ ______________
- ☐ ______________
- ☐ ______________

ERNÄHRUNG	BEWEGUNG / SPORT

SYMPTOME

AUSLÖSER

HILFSMAẞNAHMEN/WIRKUNG

NOTIZEN

DATUM	MO	DI	MI	DO	FR	SA	SO

INTENSITÄT	1	2	3	4	5	6	7	8	9	10

WETTER	TEMPERATUR

SCHMERZORT

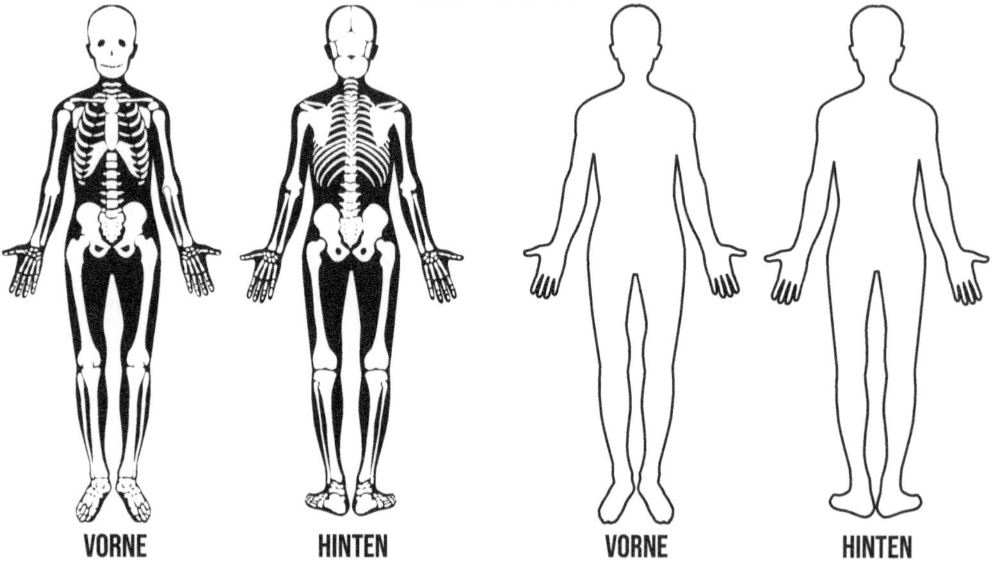

SCHMERZART

- ☐ STECHEND
- ☐ GLEICHBLEIBEND
- ☐ BRENNEND
- ☐ DUMPF
- ☐ WANDERND
- ☐ SCHNEIDEND
- ☐ ZIEHEND
- ☐ HÄMMERND
- ☐ KRAMPFARTIG
- ☐ POCHEND
- ☐ QUÄLEND
- ☐ UNERTRÄGLICH
- ☐ ERMÜRBEND
- ☐ REIẞEND
- ☐ PULSIEREND
- ☐ ____________
- ☐ ____________
- ☐ ____________

ERNÄHRUNG	BEWEGUNG / SPORT

SYMPTOME

AUSLÖSER

HILFSMAßNAHMEN/WIRKUNG

NOTIZEN

DATUM	MO	DI	MI	DO	FR	SA	SO

INTENSITÄT	1	2	3	4	5	6	7	8	9	10

WETTER	TEMPERATUR

SCHMERZORT

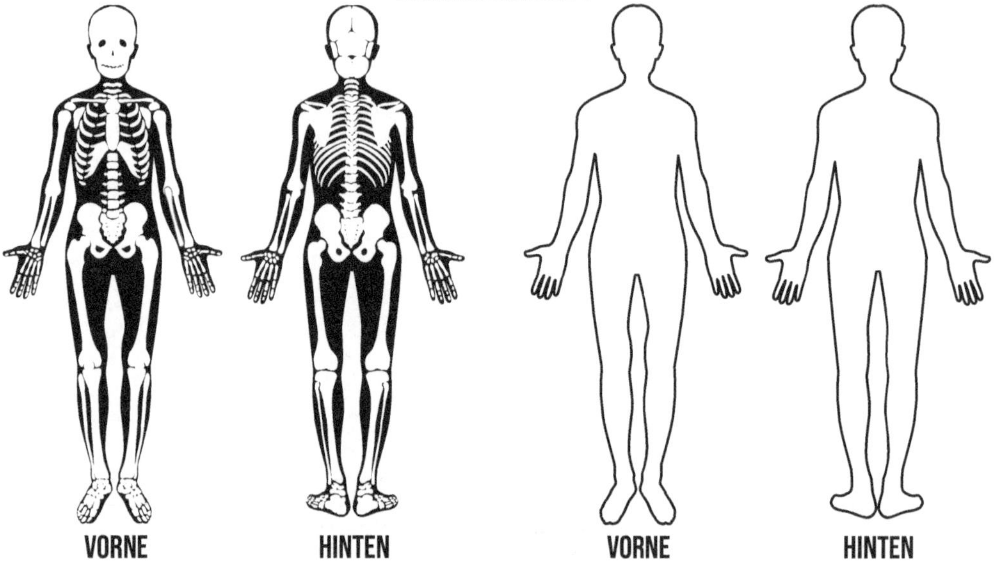

SCHMERZART

- ☐ STECHEND
- ☐ GLEICHBLEIBEND
- ☐ BRENNEND
- ☐ DUMPF
- ☐ WANDERND
- ☐ SCHNEIDEND
- ☐ ZIEHEND
- ☐ HÄMMERND
- ☐ KRAMPFARTIG
- ☐ POCHEND
- ☐ QUÄLEND
- ☐ UNERTRÄGLICH
- ☐ ERMÜRBEND
- ☐ REIßEND
- ☐ PULSIEREND
- ☐ ____________
- ☐ ____________
- ☐ ____________

ERNÄHRUNG	BEWEGUNG / SPORT

SYMPTOME

AUSLÖSER

HILFSMAßNAHMEN/WIRKUNG

NOTIZEN

DATUM	MO	DI	MI	DO	FR	SA	SO

INTENSITÄT	1	2	3	4	5	6	7	8	9	10

WETTER	TEMPERATUR

SCHMERZORT

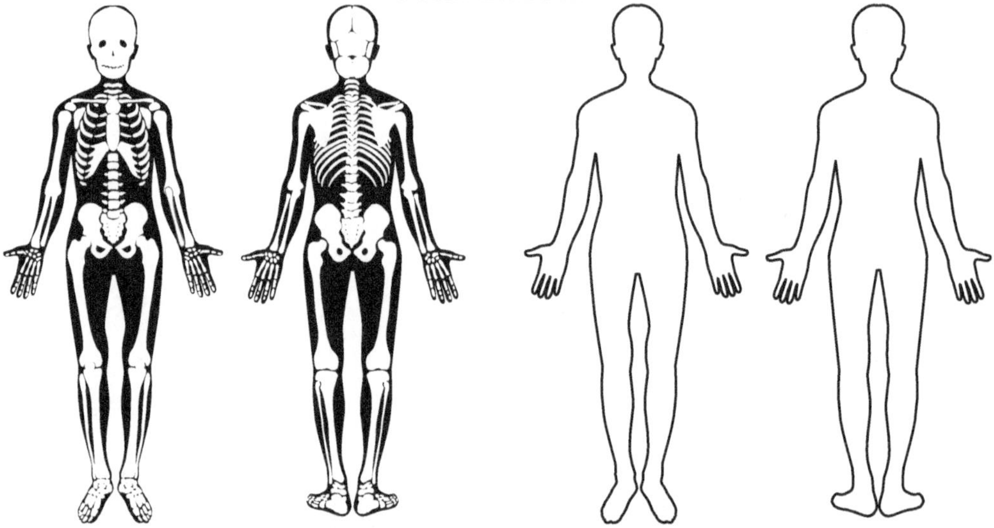

VORNE HINTEN VORNE HINTEN

SCHMERZART

☐ STECHEND	☐ ZIEHEND	☐ ERMÜRBEND
☐ GLEICHBLEIBEND	☐ HÄMMERND	☐ REIßEND
☐ BRENNEND	☐ KRAMPFARTIG	☐ PULSIEREND
☐ DUMPF	☐ POCHEND	☐ ____________
☐ WANDERND	☐ QUÄLEND	☐ ____________
☐ SCHNEIDEND	☐ UNERTRÄGLICH	☐ ____________

ERNÄHRUNG	BEWEGUNG / SPORT

SYMPTOME

AUSLÖSER

HILFSMAßNAHMEN/WIRKUNG

NOTIZEN

DATUM	MO	DI	MI	DO	FR	SA	SO

INTENSITÄT	1	2	3	4	5	6	7	8	9	10

WETTER	TEMPERATUR

SCHMERZORT

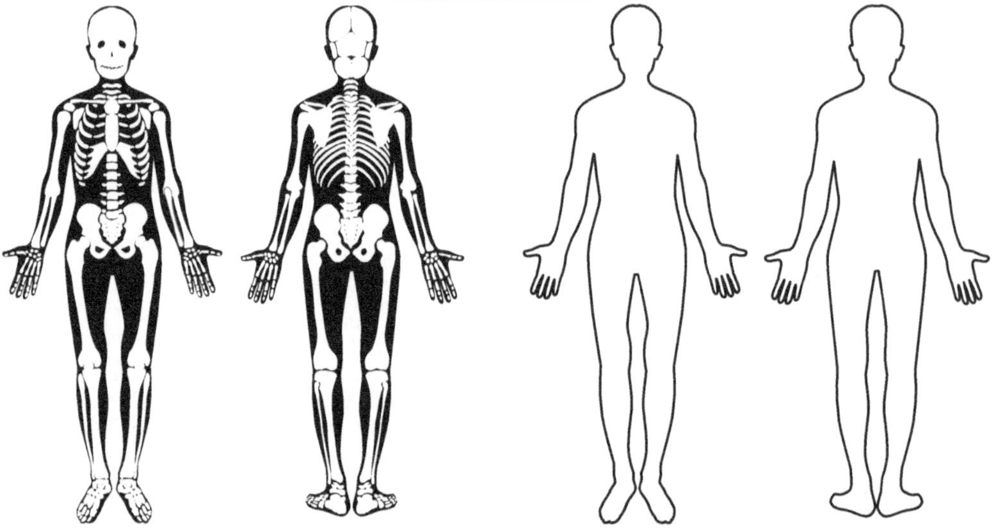

SCHMERZART

- ☐ STECHEND
- ☐ GLEICHBLEIBEND
- ☐ BRENNEND
- ☐ DUMPF
- ☐ WANDERND
- ☐ SCHNEIDEND
- ☐ ZIEHEND
- ☐ HÄMMERND
- ☐ KRAMPFARTIG
- ☐ POCHEND
- ☐ QUÄLEND
- ☐ UNERTRÄGLICH
- ☐ ERMÜRBEND
- ☐ REIßEND
- ☐ PULSIEREND
- ☐ ______________
- ☐ ______________
- ☐ ______________

ERNÄHRUNG	BEWEGUNG / SPORT

SYMPTOME

AUSLÖSER

HILFSMAßNAHMEN/WIRKUNG

NOTIZEN

DATUM	MO	DI	MI	DO	FR	SA	SO

INTENSITÄT	1	2	3	4	5	6	7	8	9	10

WETTER	TEMPERATUR

SCHMERZORT

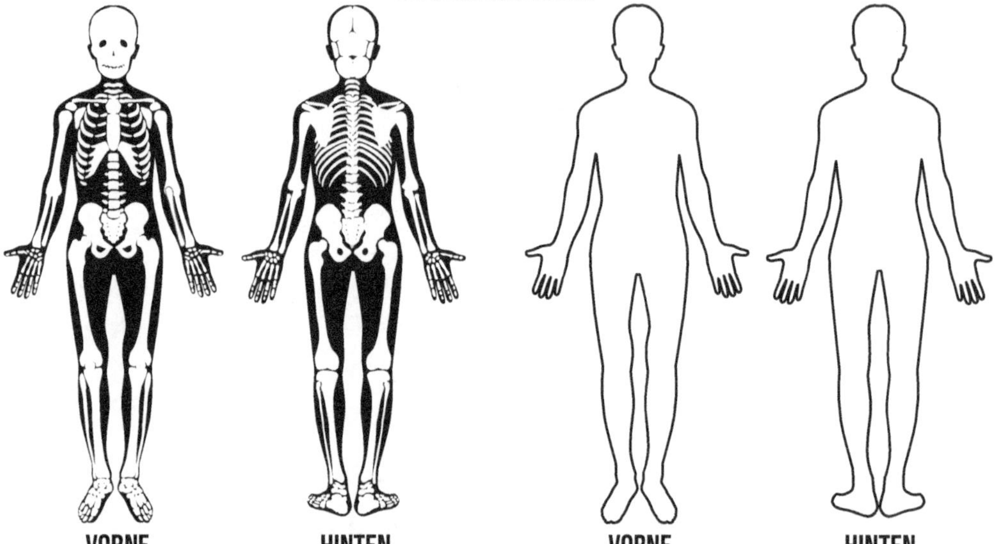

SCHMERZART

- ☐ STECHEND
- ☐ GLEICHBLEIBEND
- ☐ BRENNEND
- ☐ DUMPF
- ☐ WANDERND
- ☐ SCHNEIDEND
- ☐ ZIEHEND
- ☐ HÄMMERND
- ☐ KRAMPFARTIG
- ☐ POCHEND
- ☐ QUÄLEND
- ☐ UNERTRÄGLICH
- ☐ ERMÜRBEND
- ☐ REIẞEND
- ☐ PULSIEREND
- ☐ ____________
- ☐ ____________
- ☐ ____________

ERNÄHRUNG	BEWEGUNG / SPORT

SYMPTOME

AUSLÖSER

HILFSMAßNAHMEN/WIRKUNG

NOTIZEN

DATUM	MO	DI	MI	DO	FR	SA	SO

INTENSITÄT	1	2	3	4	5	6	7	8	9	10

WETTER	TEMPERATUR

SCHMERZORT

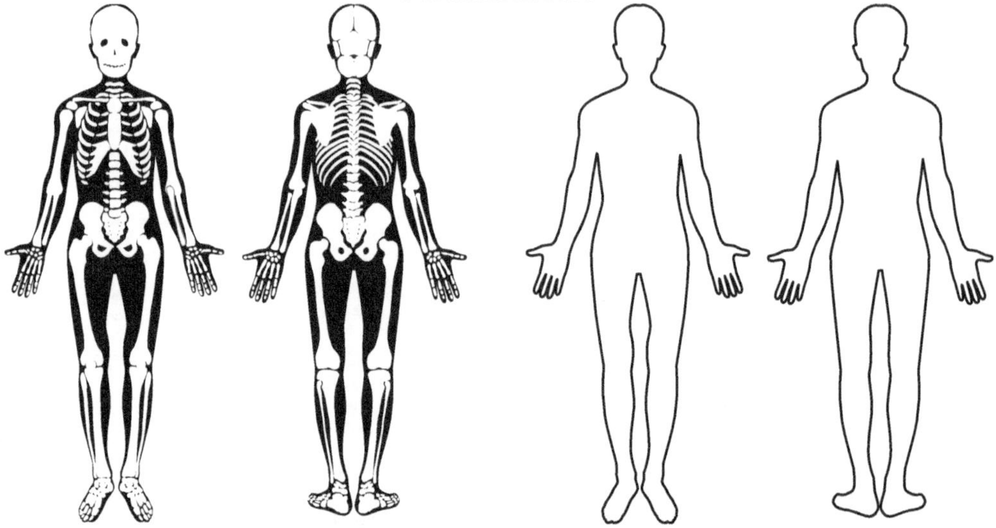

VORNE HINTEN VORNE HINTEN

SCHMERZART

☐ STECHEND	☐ ZIEHEND	☐ ERMÜRBEND
☐ GLEICHBLEIBEND	☐ HÄMMERND	☐ REIßEND
☐ BRENNEND	☐ KRAMPFARTIG	☐ PULSIEREND
☐ DUMPF	☐ POCHEND	☐ ____________
☐ WANDERND	☐ QUÄLEND	☐ ____________
☐ SCHNEIDEND	☐ UNERTRÄGLICH	☐ ____________

ERNÄHRUNG	BEWEGUNG / SPORT

SYMPTOME

AUSLÖSER

HILFSMAẞNAHMEN/WIRKUNG

NOTIZEN

DATUM	MO	DI	MI	DO	FR	SA	SO

INTENSITÄT	1	2	3	4	5	6	7	8	9	10

WETTER	TEMPERATUR

SCHMERZORT

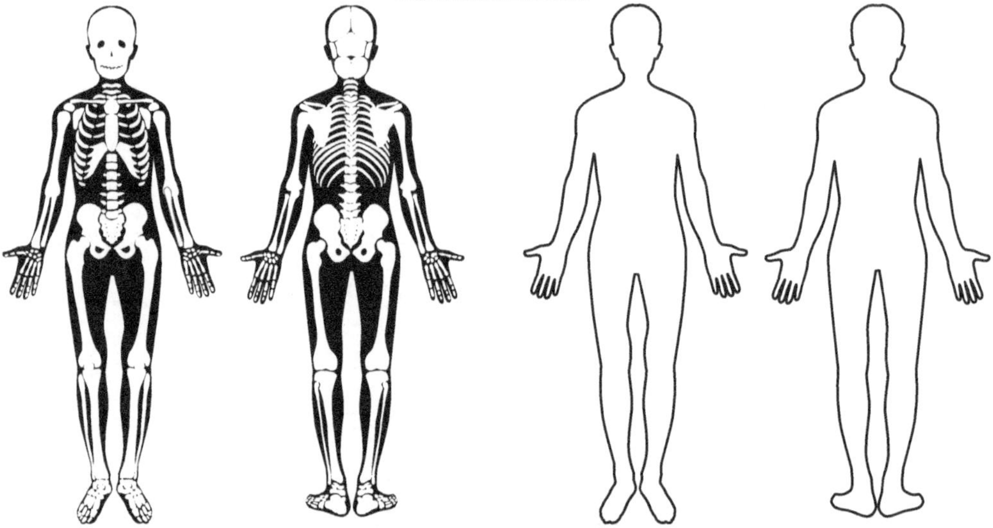

VORNE HINTEN VORNE HINTEN

SCHMERZART

- ☐ STECHEND
- ☐ GLEICHBLEIBEND
- ☐ BRENNEND
- ☐ DUMPF
- ☐ WANDERND
- ☐ SCHNEIDEND
- ☐ ZIEHEND
- ☐ HÄMMERND
- ☐ KRAMPFARTIG
- ☐ POCHEND
- ☐ QUÄLEND
- ☐ UNERTRÄGLICH
- ☐ ERMÜRBEND
- ☐ REIßEND
- ☐ PULSIEREND
- ☐ ____________
- ☐ ____________
- ☐ ____________

ERNÄHRUNG	BEWEGUNG / SPORT

SYMPTOME

AUSLÖSER

HILFSMAßNAHMEN/WIRKUNG

NOTIZEN

DATUM	MO	DI	MI	DO	FR	SA	SO

INTENSITÄT	1	2	3	4	5	6	7	8	9	10

WETTER	TEMPERATUR

SCHMERZORT

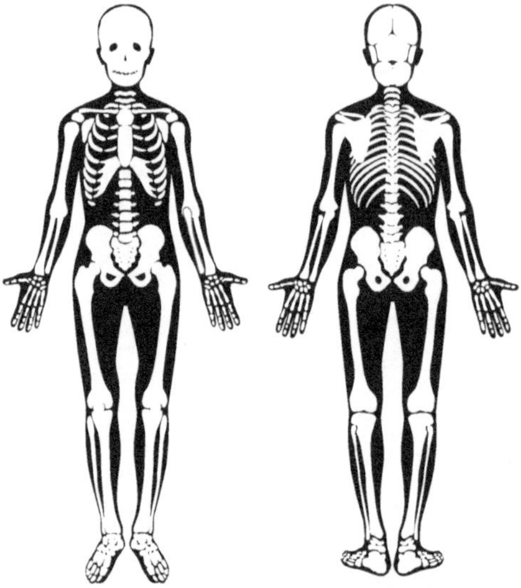

VORNE HINTEN

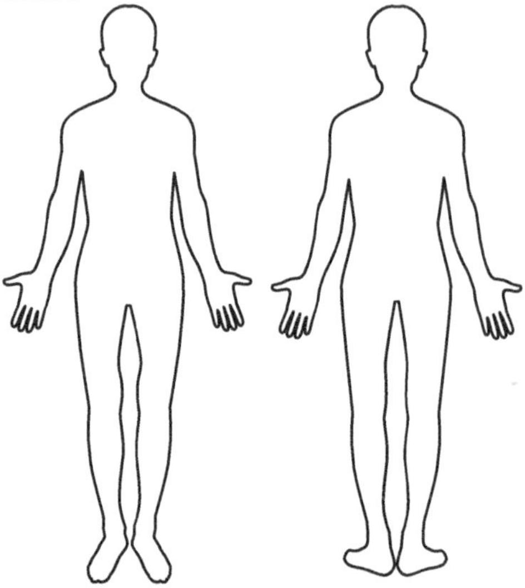

VORNE HINTEN

SCHMERZART

☐ STECHEND	☐ ZIEHEND	☐ ERMÜRBEND
☐ GLEICHBLEIBEND	☐ HÄMMERND	☐ REIßEND
☐ BRENNEND	☐ KRAMPFARTIG	☐ PULSIEREND
☐ DUMPF	☐ POCHEND	☐ ____________
☐ WANDERND	☐ QUÄLEND	☐ ____________
☐ SCHNEIDEND	☐ UNERTRÄGLICH	☐ ____________

ERNÄHRUNG	BEWEGUNG / SPORT

SYMPTOME

AUSLÖSER

HILFSMAßNAHMEN/WIRKUNG

NOTIZEN

DATUM	MO	DI	MI	DO	FR	SA	SO

INTENSITÄT	1	2	3	4	5	6	7	8	9	10

WETTER	TEMPERATUR

SCHMERZORT

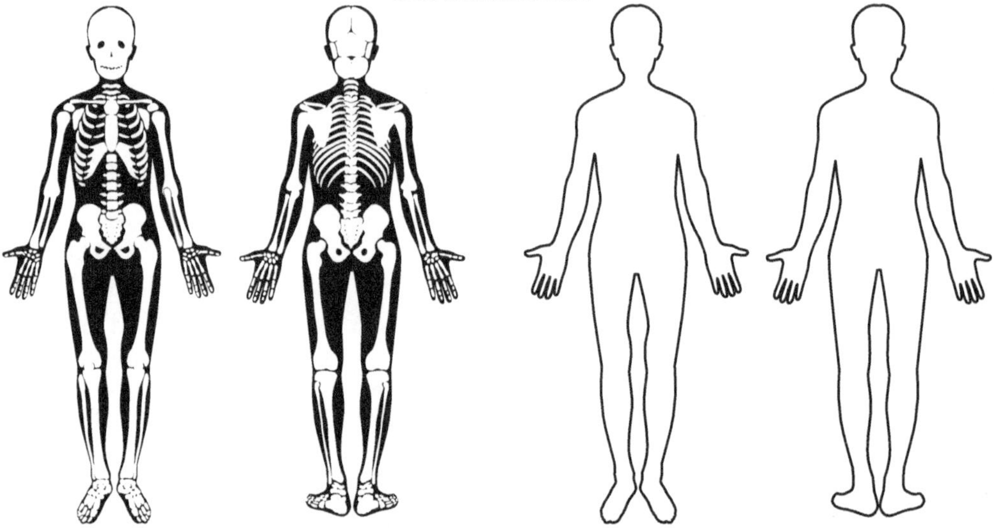

VORNE HINTEN VORNE HINTEN

SCHMERZART

☐ STECHEND	☐ ZIEHEND	☐ ERMÜRBEND
☐ GLEICHBLEIBEND	☐ HÄMMERND	☐ REIßEND
☐ BRENNEND	☐ KRAMPFARTIG	☐ PULSIEREND
☐ DUMPF	☐ POCHEND	☐ ____________
☐ WANDERND	☐ QUÄLEND	☐ ____________
☐ SCHNEIDEND	☐ UNERTRÄGLICH	☐ ____________

ERNÄHRUNG	BEWEGUNG / SPORT

SYMPTOME

AUSLÖSER

HILFSMAßNAHMEN/WIRKUNG

NOTIZEN

DATUM	MO	DI	MI	DO	FR	SA	SO

INTENSITÄT	1	2	3	4	5	6	7	8	9	10

WETTER	TEMPERATUR

SCHMERZORT

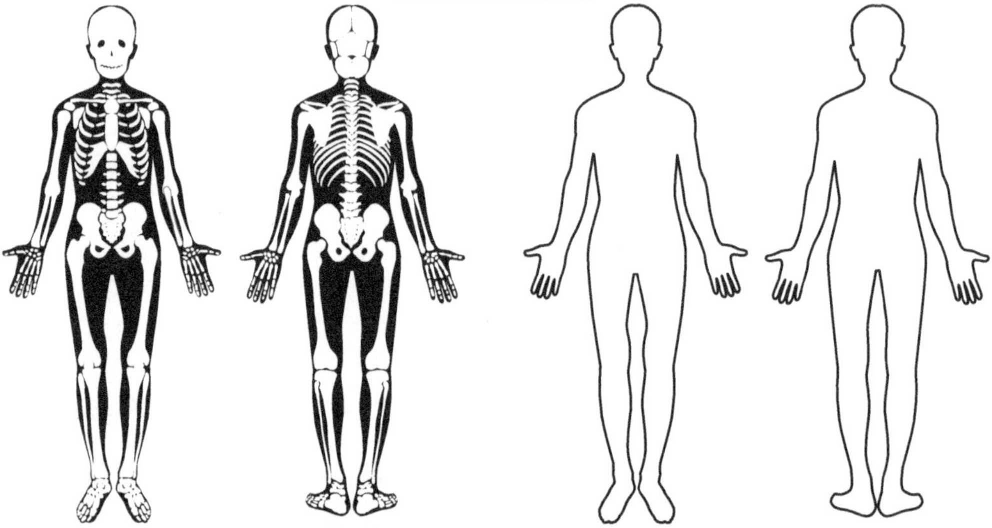

SCHMERZART

- ☐ STECHEND
- ☐ GLEICHBLEIBEND
- ☐ BRENNEND
- ☐ DUMPF
- ☐ WANDERND
- ☐ SCHNEIDEND
- ☐ ZIEHEND
- ☐ HÄMMERND
- ☐ KRAMPFARTIG
- ☐ POCHEND
- ☐ QUÄLEND
- ☐ UNERTRÄGLICH
- ☐ ERMÜRBEND
- ☐ REIßEND
- ☐ PULSIEREND
- ☐ ____________
- ☐ ____________
- ☐ ____________

ERNÄHRUNG	BEWEGUNG / SPORT

SYMPTOME

AUSLÖSER

HILFSMAẞNAHMEN/WIRKUNG

NOTIZEN

DATUM	MO	DI	MI	DO	FR	SA	SO

INTENSITÄT	1	2	3	4	5	6	7	8	9	10

WETTER	TEMPERATUR

SCHMERZORT

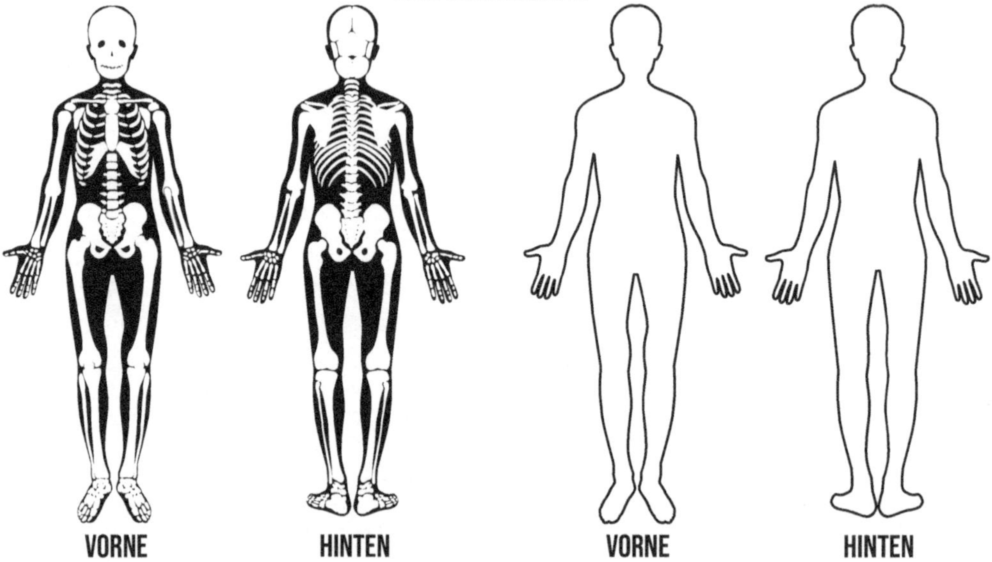

SCHMERZART

☐ STECHEND	☐ ZIEHEND	☐ ERMÜRBEND
☐ GLEICHBLEIBEND	☐ HÄMMERND	☐ REIẞEND
☐ BRENNEND	☐ KRAMPFARTIG	☐ PULSIEREND
☐ DUMPF	☐ POCHEND	☐ ____________
☐ WANDERND	☐ QUÄLEND	☐ ____________
☐ SCHNEIDEND	☐ UNERTRÄGLICH	☐ ____________

ERNÄHRUNG	BEWEGUNG / SPORT

SYMPTOME

AUSLÖSER

HILFSMAẞNAHMEN/WIRKUNG

NOTIZEN

DATUM	MO	DI	MI	DO	FR	SA	SO

INTENSITÄT	1	2	3	4	5	6	7	8	9	10

WETTER	TEMPERATUR

SCHMERZORT

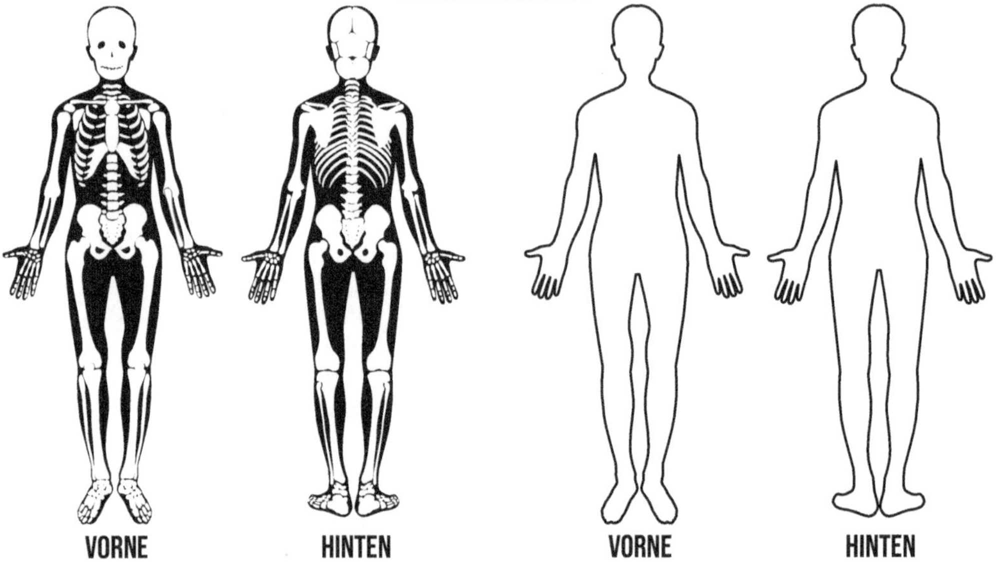

SCHMERZART

- ☐ STECHEND
- ☐ GLEICHBLEIBEND
- ☐ BRENNEND
- ☐ DUMPF
- ☐ WANDERND
- ☐ SCHNEIDEND
- ☐ ZIEHEND
- ☐ HÄMMERND
- ☐ KRAMPFARTIG
- ☐ POCHEND
- ☐ QUÄLEND
- ☐ UNERTRÄGLICH
- ☐ ERMÜRBEND
- ☐ REIßEND
- ☐ PULSIEREND
- ☐ ____________
- ☐ ____________
- ☐ ____________

ERNÄHRUNG	BEWEGUNG / SPORT

SYMPTOME

AUSLÖSER

HILFSMAßNAHMEN/WIRKUNG

NOTIZEN

DATUM	MO	DI	MI	DO	FR	SA	SO

INTENSITÄT	1	2	3	4	5	6	7	8	9	10

WETTER	TEMPERATUR

SCHMERZORT

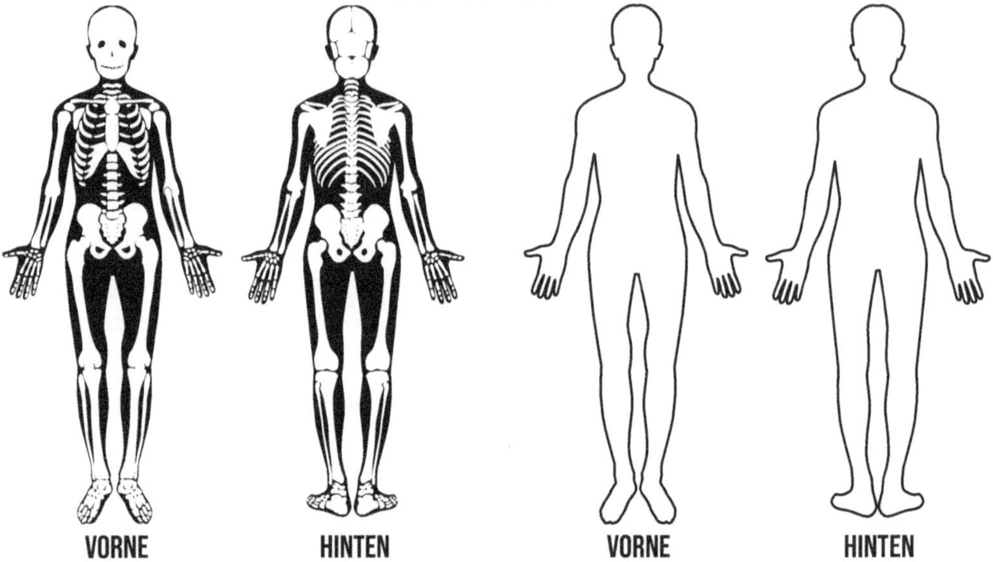

SCHMERZART

- ☐ STECHEND
- ☐ GLEICHBLEIBEND
- ☐ BRENNEND
- ☐ DUMPF
- ☐ WANDERND
- ☐ SCHNEIDEND
- ☐ ZIEHEND
- ☐ HÄMMERND
- ☐ KRAMPFARTIG
- ☐ POCHEND
- ☐ QUÄLEND
- ☐ UNERTRÄGLICH
- ☐ ERMÜRBEND
- ☐ REIßEND
- ☐ PULSIEREND
- ☐ ____________
- ☐ ____________
- ☐ ____________

ERNÄHRUNG	BEWEGUNG / SPORT

SYMPTOME

AUSLÖSER

HILFSMAẞNAHMEN/WIRKUNG

NOTIZEN

DATUM	MO	DI	MI	DO	FR	SA	SO

INTENSITÄT	1	2	3	4	5	6	7	8	9	10

WETTER	TEMPERATUR

SCHMERZORT

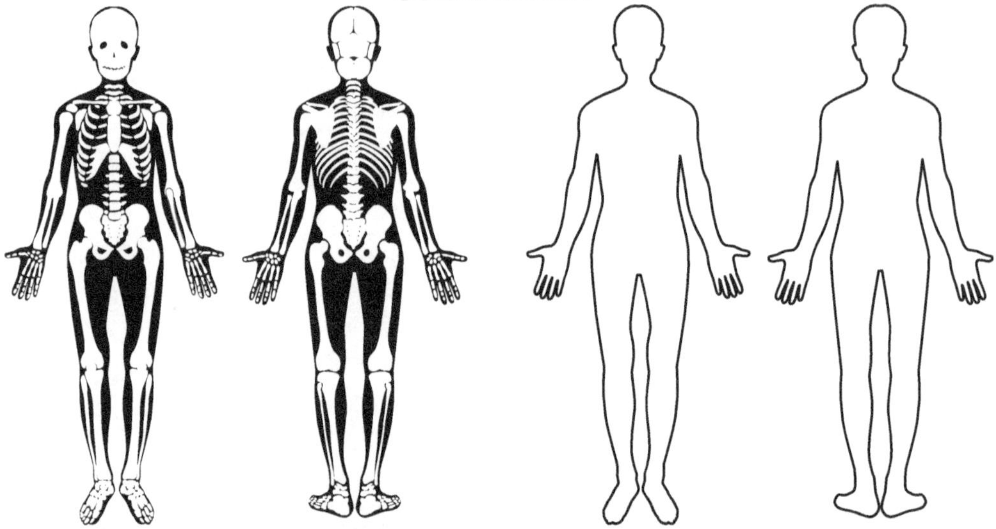

VORNE HINTEN VORNE HINTEN

SCHMERZART

- ☐ STECHEND
- ☐ GLEICHBLEIBEND
- ☐ BRENNEND
- ☐ DUMPF
- ☐ WANDERND
- ☐ SCHNEIDEND
- ☐ ZIEHEND
- ☐ HÄMMERND
- ☐ KRAMPFARTIG
- ☐ POCHEND
- ☐ QUÄLEND
- ☐ UNERTRÄGLICH
- ☐ ERMÜRBEND
- ☐ REIßEND
- ☐ PULSIEREND
- ☐ ______________
- ☐ ______________
- ☐ ______________

ERNÄHRUNG	BEWEGUNG / SPORT

SYMPTOME

AUSLÖSER

HILFSMAßNAHMEN/WIRKUNG

NOTIZEN

DATUM	MO	DI	MI	DO	FR	SA	SO

INTENSITÄT	1	2	3	4	5	6	7	8	9	10

WETTER	TEMPERATUR

SCHMERZORT

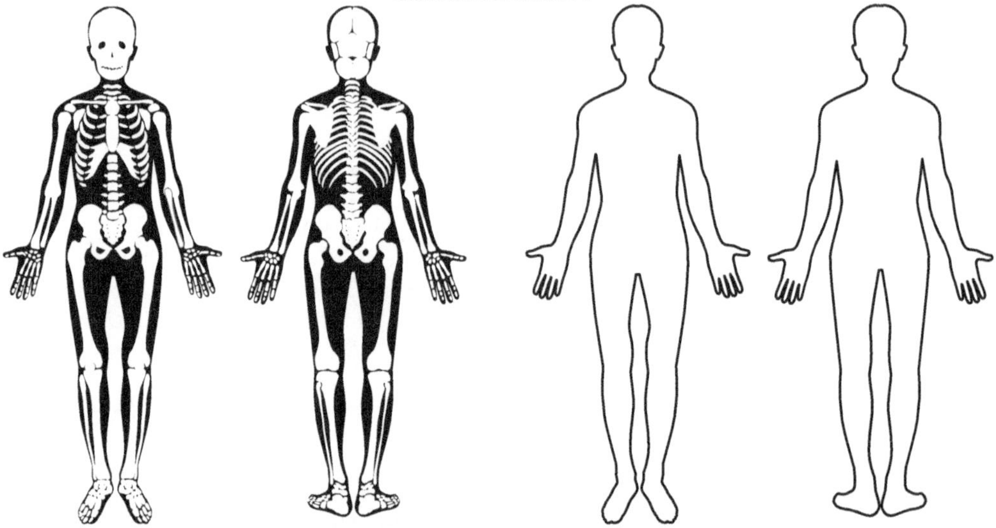

SCHMERZART

- ☐ STECHEND
- ☐ GLEICHBLEIBEND
- ☐ BRENNEND
- ☐ DUMPF
- ☐ WANDERND
- ☐ SCHNEIDEND
- ☐ ZIEHEND
- ☐ HÄMMERND
- ☐ KRAMPFARTIG
- ☐ POCHEND
- ☐ QUÄLEND
- ☐ UNERTRÄGLICH
- ☐ ERMÜRBEND
- ☐ REIßEND
- ☐ PULSIEREND
- ☐ ____________
- ☐ ____________
- ☐ ____________

ERNÄHRUNG	BEWEGUNG / SPORT

SYMPTOME

AUSLÖSER

HILFSMAẞNAHMEN/WIRKUNG

NOTIZEN

DATUM	MO	DI	MI	DO	FR	SA	SO

INTENSITÄT	1	2	3	4	5	6	7	8	9	10

WETTER	TEMPERATUR

SCHMERZORT

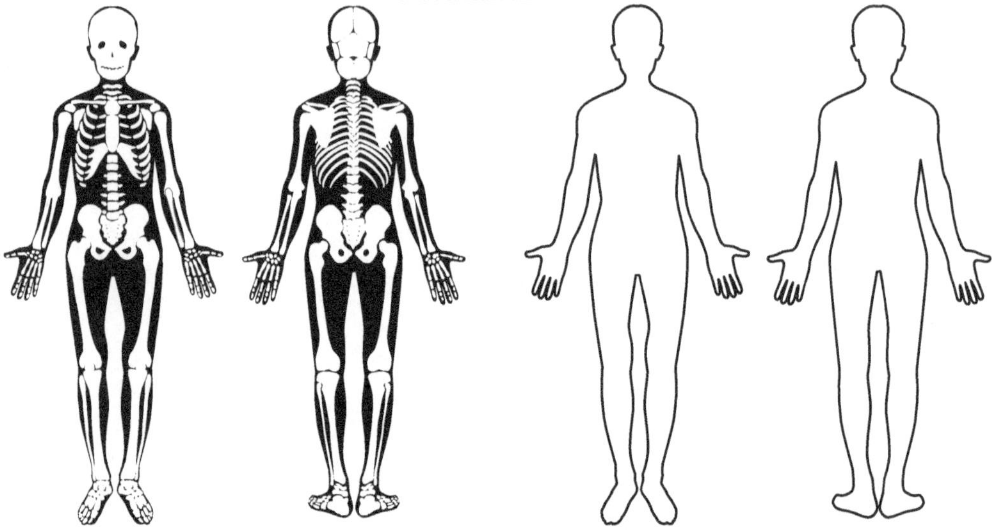

VORNE HINTEN VORNE HINTEN

SCHMERZART

☐ STECHEND
☐ GLEICHBLEIBEND
☐ BRENNEND
☐ DUMPF
☐ WANDERND
☐ SCHNEIDEND
☐ ZIEHEND
☐ HÄMMERND
☐ KRAMPFARTIG
☐ POCHEND
☐ QUÄLEND
☐ UNERTRÄGLICH
☐ ERMÜRBEND
☐ REIßEND
☐ PULSIEREND
☐ ____________
☐ ____________
☐ ____________

ERNÄHRUNG	BEWEGUNG / SPORT

SYMPTOME

AUSLÖSER

HILFSMAẞNAHMEN/WIRKUNG

NOTIZEN

DATUM	MO	DI	MI	DO	FR	SA	SO

INTENSITÄT	1	2	3	4	5	6	7	8	9	10

WETTER	TEMPERATUR

SCHMERZORT

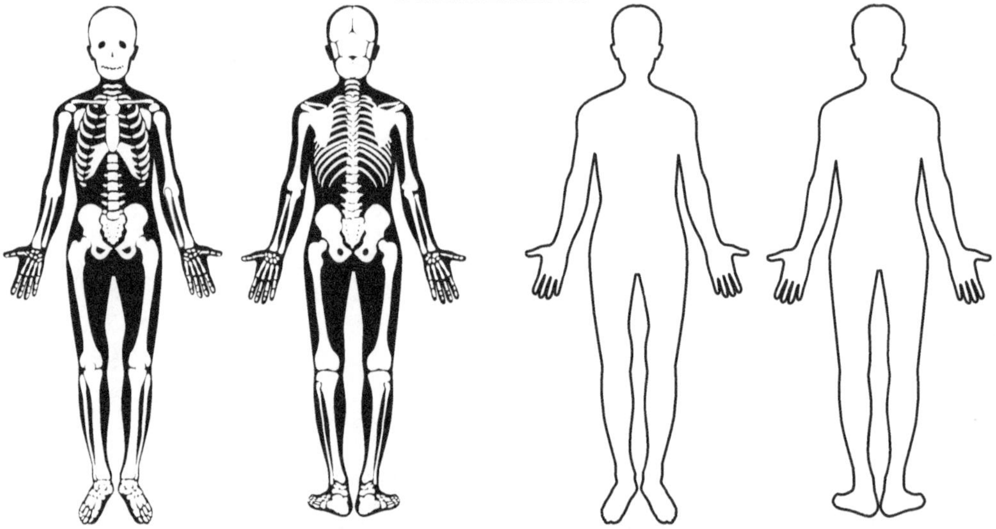

SCHMERZART

☐ STECHEND	☐ ZIEHEND	☐ ERMÜRBEND
☐ GLEICHBLEIBEND	☐ HÄMMERND	☐ REIẞEND
☐ BRENNEND	☐ KRAMPFARTIG	☐ PULSIEREND
☐ DUMPF	☐ POCHEND	☐ ____________
☐ WANDERND	☐ QUÄLEND	☐ ____________
☐ SCHNEIDEND	☐ UNERTRÄGLICH	☐ ____________

ERNÄHRUNG	BEWEGUNG / SPORT

SYMPTOME

AUSLÖSER

HILFSMAßNAHMEN/WIRKUNG

NOTIZEN

DATUM	MO	DI	MI	DO	FR	SA	SO

INTENSITÄT	1	2	3	4	5	6	7	8	9	10

WETTER	TEMPERATUR

SCHMERZORT

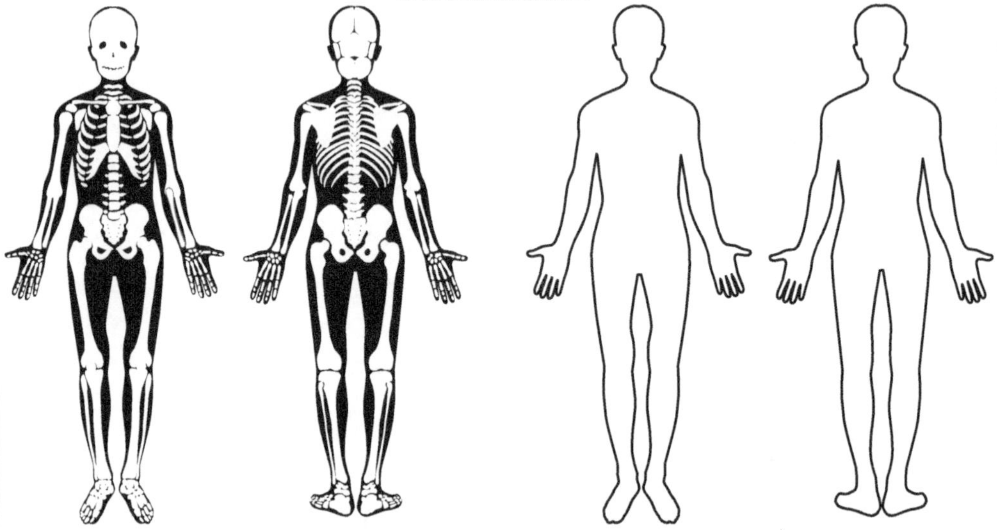

VORNE HINTEN VORNE HINTEN

SCHMERZART

☐ STECHEND	☐ ZIEHEND	☐ ERMÜRBEND
☐ GLEICHBLEIBEND	☐ HÄMMERND	☐ REIßEND
☐ BRENNEND	☐ KRAMPFARTIG	☐ PULSIEREND
☐ DUMPF	☐ POCHEND	☐ ____________
☐ WANDERND	☐ QUÄLEND	☐ ____________
☐ SCHNEIDEND	☐ UNERTRÄGLICH	☐ ____________

ERNÄHRUNG	BEWEGUNG / SPORT

SYMPTOME

AUSLÖSER

HILFSMAẞNAHMEN/WIRKUNG

NOTIZEN

DATUM	MO	DI	MI	DO	FR	SA	SO

INTENSITÄT	1	2	3	4	5	6	7	8	9	10

WETTER	TEMPERATUR

SCHMERZORT

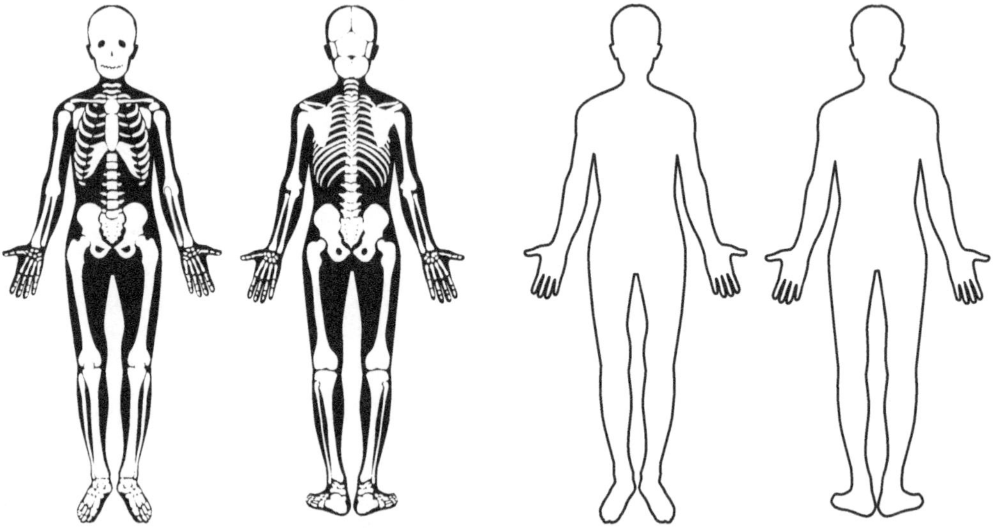

SCHMERZART

- ☐ STECHEND
- ☐ GLEICHBLEIBEND
- ☐ BRENNEND
- ☐ DUMPF
- ☐ WANDERND
- ☐ SCHNEIDEND
- ☐ ZIEHEND
- ☐ HÄMMERND
- ☐ KRAMPFARTIG
- ☐ POCHEND
- ☐ QUÄLEND
- ☐ UNERTRÄGLICH
- ☐ ERMÜRBEND
- ☐ REIßEND
- ☐ PULSIEREND
- ☐ ____________
- ☐ ____________
- ☐ ____________

ERNÄHRUNG	BEWEGUNG / SPORT

SYMPTOME

AUSLÖSER

HILFSMAßNAHMEN/WIRKUNG

NOTIZEN

DATUM	MO	DI	MI	DO	FR	SA	SO

INTENSITÄT	1	2	3	4	5	6	7	8	9	10

WETTER	TEMPERATUR

SCHMERZORT

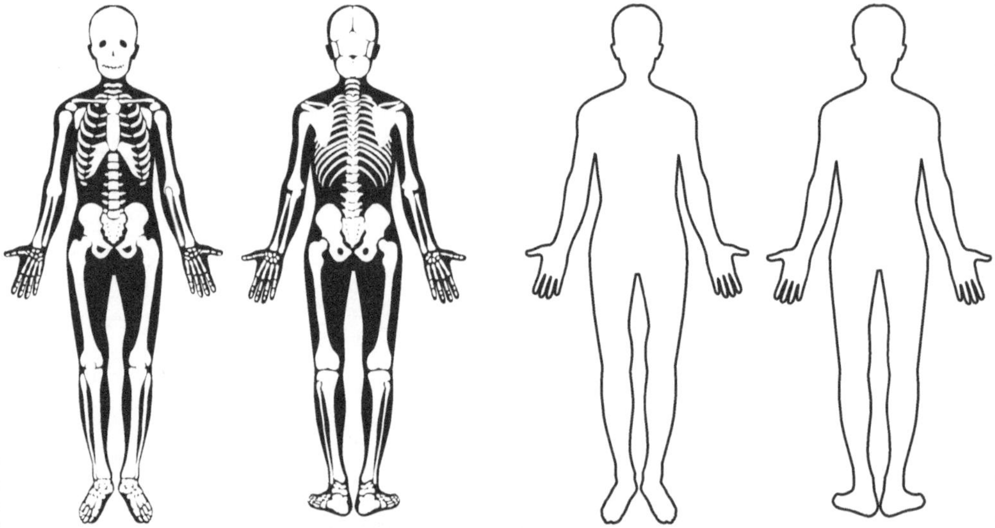

VORNE HINTEN VORNE HINTEN

SCHMERZART

☐ STECHEND	☐ ZIEHEND	☐ ERMÜRBEND
☐ GLEICHBLEIBEND	☐ HÄMMERND	☐ REIßEND
☐ BRENNEND	☐ KRAMPFARTIG	☐ PULSIEREND
☐ DUMPF	☐ POCHEND	☐ ____________
☐ WANDERND	☐ QUÄLEND	☐ ____________
☐ SCHNEIDEND	☐ UNERTRÄGLICH	☐ ____________

ERNÄHRUNG	BEWEGUNG / SPORT

SYMPTOME

AUSLÖSER

HILFSMAẞNAHMEN/WIRKUNG

NOTIZEN

DATUM	MO	DI	MI	DO	FR	SA	SO

INTENSITÄT	1	2	3	4	5	6	7	8	9	10

WETTER	TEMPERATUR

SCHMERZORT

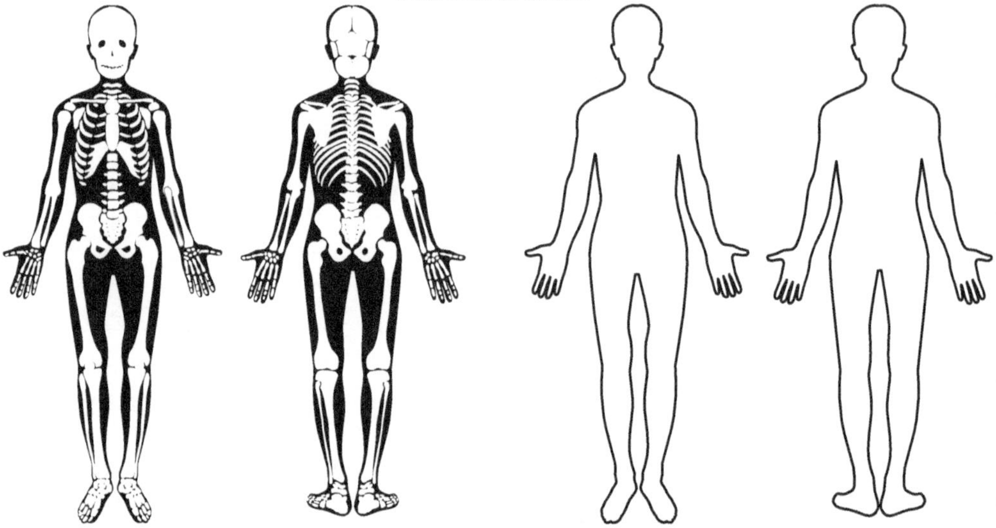

SCHMERZART

- ☐ STECHEND
- ☐ GLEICHBLEIBEND
- ☐ BRENNEND
- ☐ DUMPF
- ☐ WANDERND
- ☐ SCHNEIDEND
- ☐ ZIEHEND
- ☐ HÄMMERND
- ☐ KRAMPFARTIG
- ☐ POCHEND
- ☐ QUÄLEND
- ☐ UNERTRÄGLICH
- ☐ ERMÜRBEND
- ☐ REIẞEND
- ☐ PULSIEREND
- ☐ ____________
- ☐ ____________
- ☐ ____________

ERNÄHRUNG	BEWEGUNG / SPORT

SYMPTOME

AUSLÖSER

HILFSMAẞNAHMEN/WIRKUNG

NOTIZEN

DATUM	MO	DI	MI	DO	FR	SA	SO

INTENSITÄT	1	2	3	4	5	6	7	8	9	10

WETTER	TEMPERATUR

SCHMERZORT

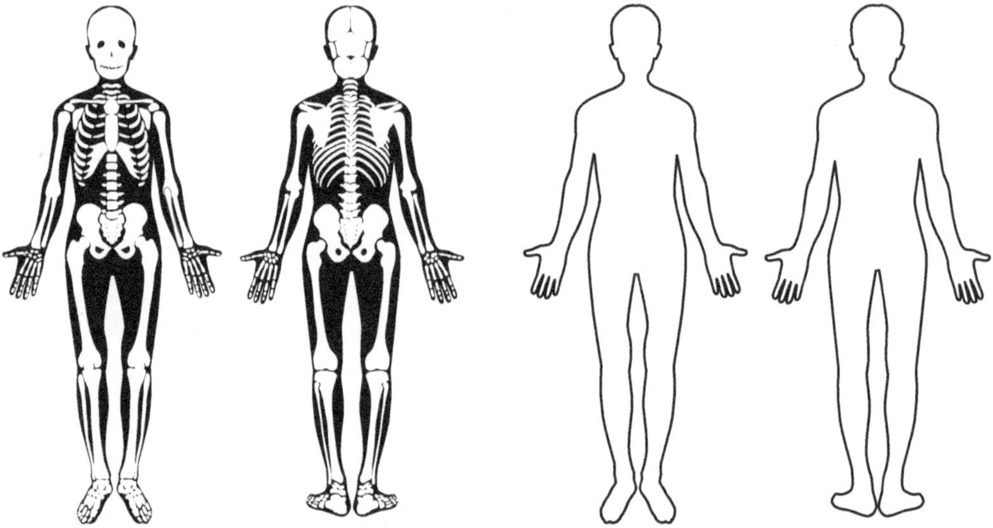

SCHMERZART

- ☐ STECHEND
- ☐ GLEICHBLEIBEND
- ☐ BRENNEND
- ☐ DUMPF
- ☐ WANDERND
- ☐ SCHNEIDEND
- ☐ ZIEHEND
- ☐ HÄMMERND
- ☐ KRAMPFARTIG
- ☐ POCHEND
- ☐ QUÄLEND
- ☐ UNERTRÄGLICH
- ☐ ERMÜRBEND
- ☐ REIßEND
- ☐ PULSIEREND
- ☐ ____________
- ☐ ____________
- ☐ ____________

ERNÄHRUNG	BEWEGUNG / SPORT

SYMPTOME

AUSLÖSER

HILFSMAßNAHMEN/WIRKUNG

NOTIZEN

DATUM	MO	DI	MI	DO	FR	SA	SO

INTENSITÄT	1	2	3	4	5	6	7	8	9	10

WETTER	TEMPERATUR

SCHMERZORT

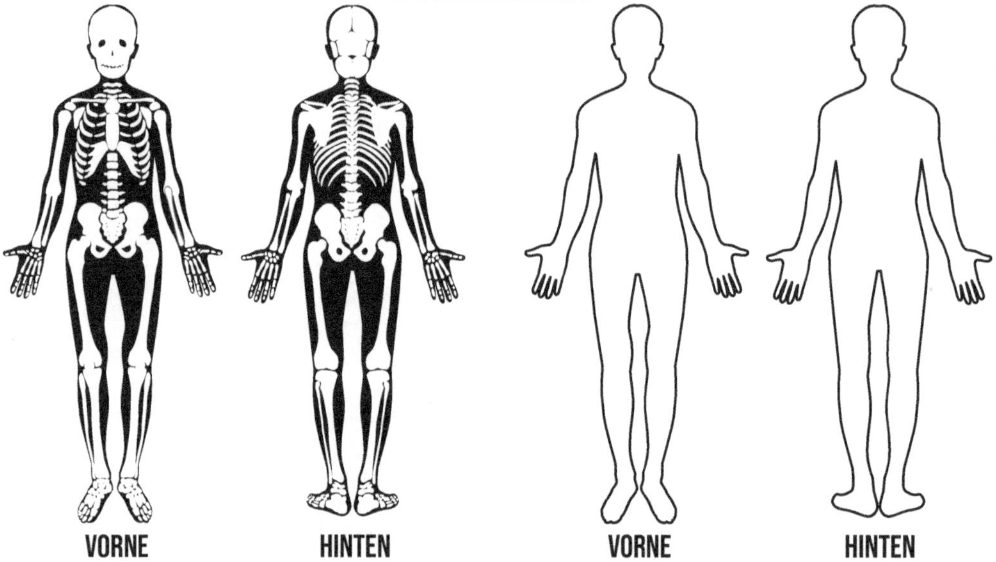

SCHMERZART

☐ STECHEND	☐ ZIEHEND	☐ ERMÜRBEND
☐ GLEICHBLEIBEND	☐ HÄMMERND	☐ REIßEND
☐ BRENNEND	☐ KRAMPFARTIG	☐ PULSIEREND
☐ DUMPF	☐ POCHEND	☐ ______________
☐ WANDERND	☐ QUÄLEND	☐ ______________
☐ SCHNEIDEND	☐ UNERTRÄGLICH	☐ ______________

ERNÄHRUNG	BEWEGUNG / SPORT

SYMPTOME

AUSLÖSER

HILFSMAßNAHMEN/WIRKUNG

NOTIZEN

DATUM	MO	DI	MI	DO	FR	SA	SO

INTENSITÄT	1	2	3	4	5	6	7	8	9	10

WETTER	TEMPERATUR

SCHMERZORT

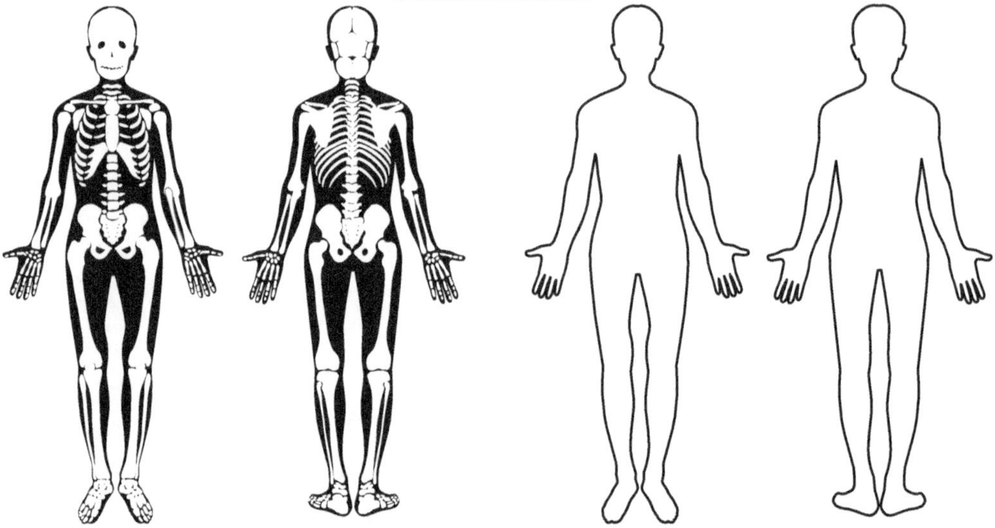

VORNE HINTEN VORNE HINTEN

SCHMERZART

- ☐ STECHEND
- ☐ GLEICHBLEIBEND
- ☐ BRENNEND
- ☐ DUMPF
- ☐ WANDERND
- ☐ SCHNEIDEND
- ☐ ZIEHEND
- ☐ HÄMMERND
- ☐ KRAMPFARTIG
- ☐ POCHEND
- ☐ QUÄLEND
- ☐ UNERTRÄGLICH
- ☐ ERMÜRBEND
- ☐ REIßEND
- ☐ PULSIEREND
- ☐ ______________
- ☐ ______________
- ☐ ______________

ERNÄHRUNG	BEWEGUNG / SPORT

SYMPTOME

AUSLÖSER

HILFSMAßNAHMEN/WIRKUNG

NOTIZEN

DATUM	MO	DI	MI	DO	FR	SA	SO

INTENSITÄT	1	2	3	4	5	6	7	8	9	10

WETTER	TEMPERATUR

SCHMERZORT

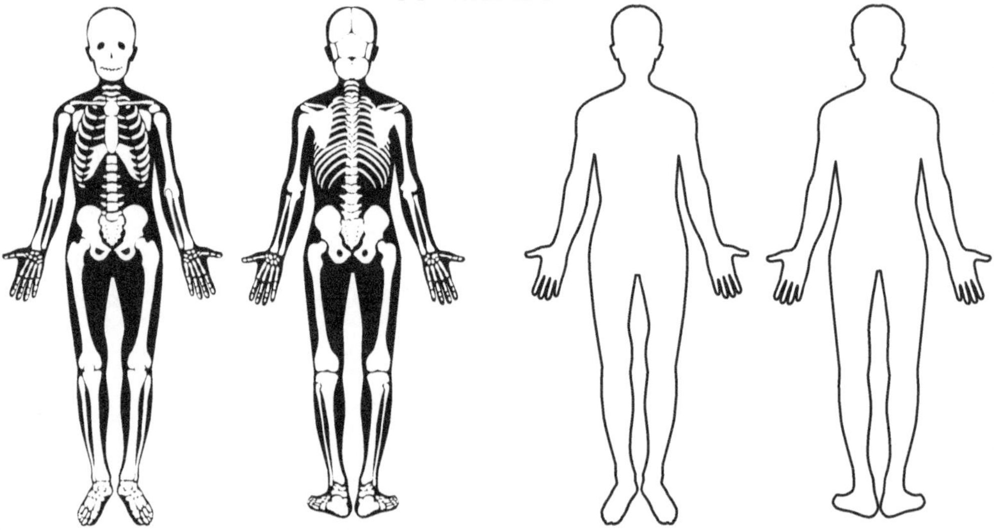

VORNE HINTEN VORNE HINTEN

SCHMERZART

- ☐ STECHEND
- ☐ GLEICHBLEIBEND
- ☐ BRENNEND
- ☐ DUMPF
- ☐ WANDERND
- ☐ SCHNEIDEND
- ☐ ZIEHEND
- ☐ HÄMMERND
- ☐ KRAMPFARTIG
- ☐ POCHEND
- ☐ QUÄLEND
- ☐ UNERTRÄGLICH
- ☐ ERMÜRBEND
- ☐ REIßEND
- ☐ PULSIEREND
- ☐ ______________
- ☐ ______________
- ☐ ______________

ERNÄHRUNG	BEWEGUNG / SPORT

SYMPTOME

AUSLÖSER

HILFSMAẞNAHMEN/WIRKUNG

NOTIZEN

DATUM	MO	DI	MI	DO	FR	SA	SO

INTENSITÄT	1	2	3	4	5	6	7	8	9	10

WETTER	TEMPERATUR

SCHMERZORT

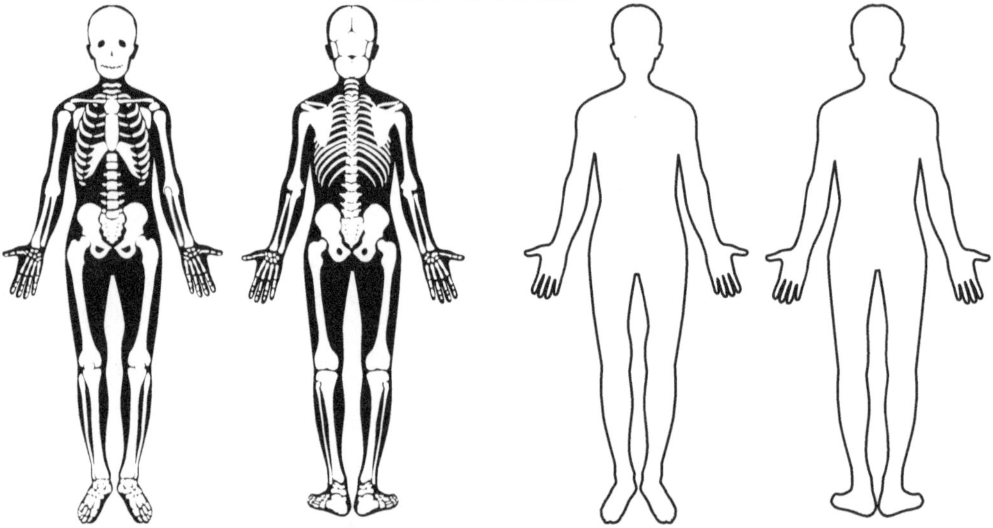

SCHMERZART

- ☐ STECHEND
- ☐ GLEICHBLEIBEND
- ☐ BRENNEND
- ☐ DUMPF
- ☐ WANDERND
- ☐ SCHNEIDEND
- ☐ ZIEHEND
- ☐ HÄMMERND
- ☐ KRAMPFARTIG
- ☐ POCHEND
- ☐ QUÄLEND
- ☐ UNERTRÄGLICH
- ☐ ERMÜRBEND
- ☐ REIßEND
- ☐ PULSIEREND
- ☐ ______________
- ☐ ______________
- ☐ ______________

ERNÄHRUNG	BEWEGUNG / SPORT

SYMPTOME

AUSLÖSER

HILFSMAẞNAHMEN/WIRKUNG

NOTIZEN

DATUM	MO	DI	MI	DO	FR	SA	SO

INTENSITÄT	1	2	3	4	5	6	7	8	9	10

WETTER	TEMPERATUR

SCHMERZORT

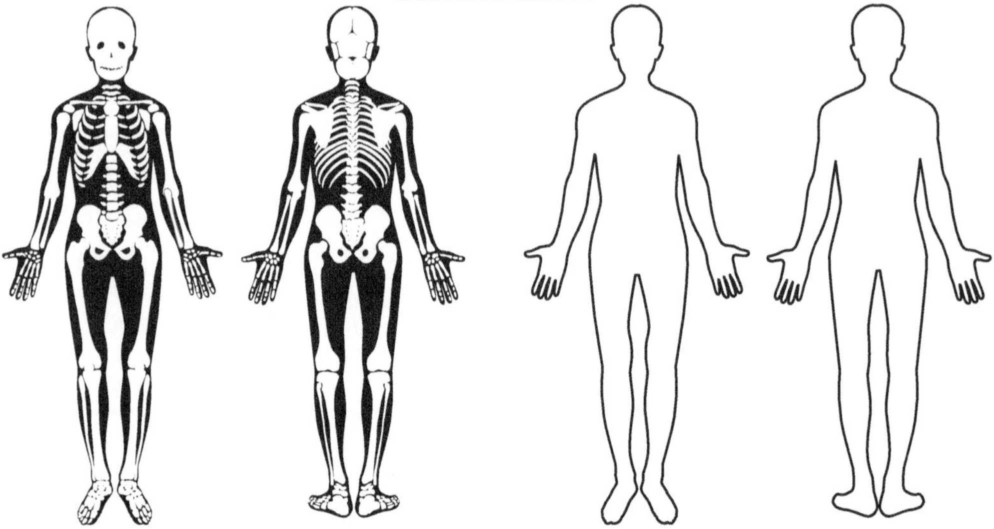

SCHMERZART

- ☐ STECHEND
- ☐ GLEICHBLEIBEND
- ☐ BRENNEND
- ☐ DUMPF
- ☐ WANDERND
- ☐ SCHNEIDEND
- ☐ ZIEHEND
- ☐ HÄMMERND
- ☐ KRAMPFARTIG
- ☐ POCHEND
- ☐ QUÄLEND
- ☐ UNERTRÄGLICH
- ☐ ERMÜRBEND
- ☐ REIßEND
- ☐ PULSIEREND
- ☐ ____________
- ☐ ____________
- ☐ ____________

ERNÄHRUNG	BEWEGUNG / SPORT

SYMPTOME

AUSLÖSER

HILFSMAẞNAHMEN/WIRKUNG

NOTIZEN

DATUM	MO	DI	MI	DO	FR	SA	SO

INTENSITÄT	1	2	3	4	5	6	7	8	9	10

WETTER	TEMPERATUR

SCHMERZORT

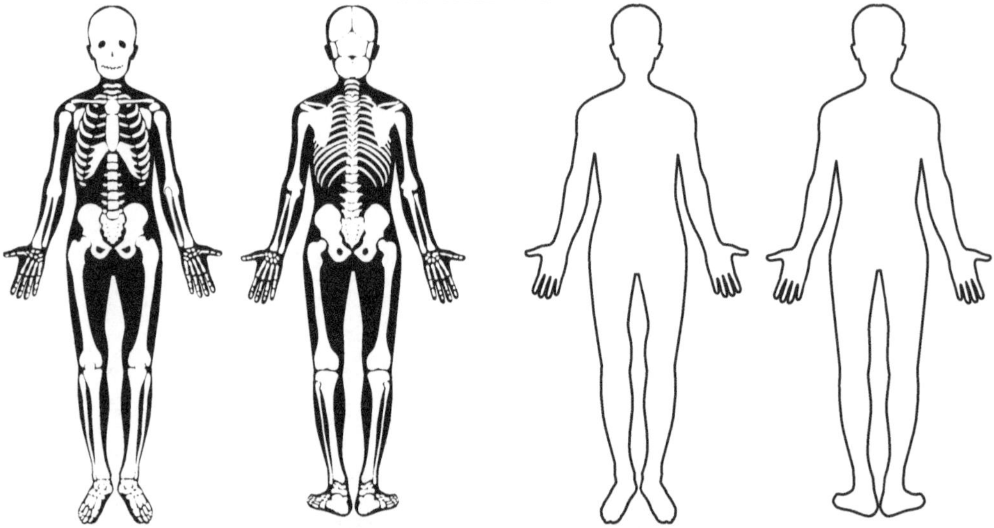

SCHMERZART

- ☐ STECHEND
- ☐ GLEICHBLEIBEND
- ☐ BRENNEND
- ☐ DUMPF
- ☐ WANDERND
- ☐ SCHNEIDEND
- ☐ ZIEHEND
- ☐ HÄMMERND
- ☐ KRAMPFARTIG
- ☐ POCHEND
- ☐ QUÄLEND
- ☐ UNERTRÄGLICH
- ☐ ERMÜRBEND
- ☐ REIßEND
- ☐ PULSIEREND
- ☐ ____________
- ☐ ____________
- ☐ ____________

ERNÄHRUNG	BEWEGUNG / SPORT

SYMPTOME

AUSLÖSER

HILFSMAßNAHMEN/WIRKUNG

NOTIZEN

DATUM	MO	DI	MI	DO	FR	SA	SO

INTENSITÄT	1	2	3	4	5	6	7	8	9	10

WETTER	TEMPERATUR

SCHMERZORT

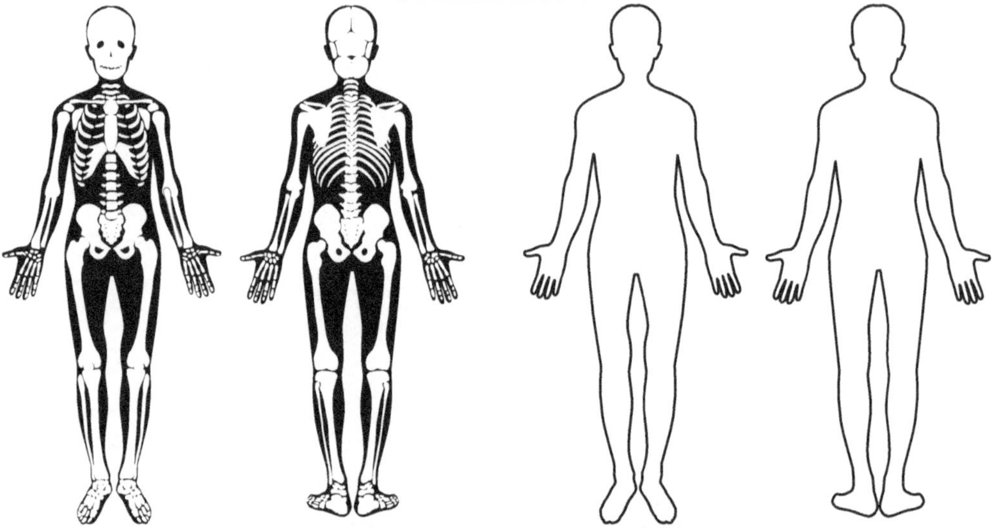

SCHMERZART

- ☐ STECHEND
- ☐ GLEICHBLEIBEND
- ☐ BRENNEND
- ☐ DUMPF
- ☐ WANDERND
- ☐ SCHNEIDEND
- ☐ ZIEHEND
- ☐ HÄMMERND
- ☐ KRAMPFARTIG
- ☐ POCHEND
- ☐ QUÄLEND
- ☐ UNERTRÄGLICH
- ☐ ERMÜRBEND
- ☐ REIßEND
- ☐ PULSIEREND
- ☐ ______________
- ☐ ______________
- ☐ ______________

ERNÄHRUNG	BEWEGUNG / SPORT

SYMPTOME

AUSLÖSER

HILFSMAßNAHMEN/WIRKUNG

NOTIZEN

DATUM	MO	DI	MI	DO	FR	SA	SO

INTENSITÄT	1	2	3	4	5	6	7	8	9	10

WETTER	TEMPERATUR

SCHMERZORT

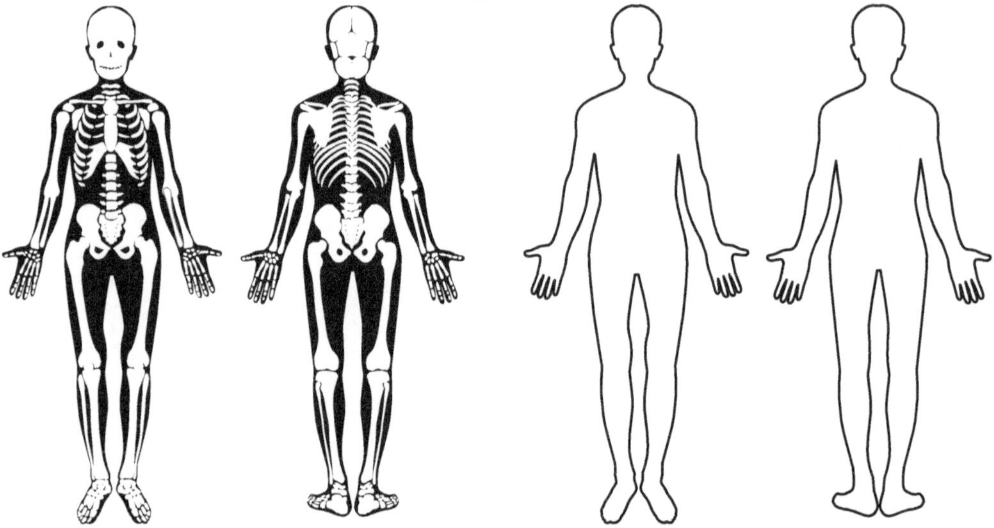

VORNE HINTEN VORNE HINTEN

SCHMERZART

☐ STECHEND	☐ ZIEHEND	☐ ERMÜRBEND
☐ GLEICHBLEIBEND	☐ HÄMMERND	☐ REIßEND
☐ BRENNEND	☐ KRAMPFARTIG	☐ PULSIEREND
☐ DUMPF	☐ POCHEND	☐ ____________
☐ WANDERND	☐ QUÄLEND	☐ ____________
☐ SCHNEIDEND	☐ UNERTRÄGLICH	☐ ____________

ERNÄHRUNG	BEWEGUNG / SPORT

SYMPTOME

AUSLÖSER

HILFSMAẞNAHMEN/WIRKUNG

NOTIZEN

DATUM	MO	DI	MI	DO	FR	SA	SO

INTENSITÄT	1	2	3	4	5	6	7	8	9	10

WETTER	TEMPERATUR

SCHMERZORT

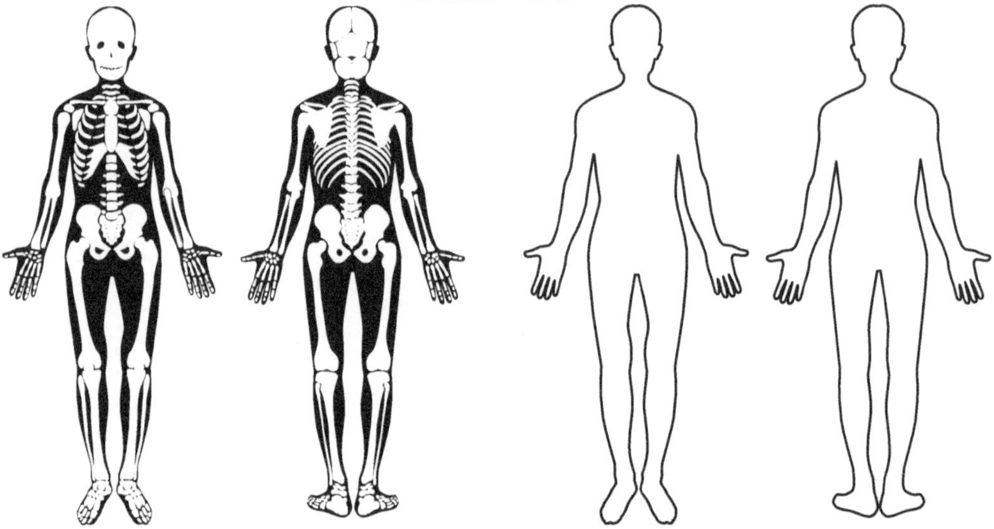

SCHMERZART

- ☐ STECHEND
- ☐ GLEICHBLEIBEND
- ☐ BRENNEND
- ☐ DUMPF
- ☐ WANDERND
- ☐ SCHNEIDEND
- ☐ ZIEHEND
- ☐ HÄMMERND
- ☐ KRAMPFARTIG
- ☐ POCHEND
- ☐ QUÄLEND
- ☐ UNERTRÄGLICH
- ☐ ERMÜRBEND
- ☐ REIßEND
- ☐ PULSIEREND
- ☐ ______________
- ☐ ______________
- ☐ ______________

ERNÄHRUNG	BEWEGUNG / SPORT

SYMPTOME

AUSLÖSER

HILFSMAẞNAHMEN/WIRKUNG

NOTIZEN

DATUM	MO	DI	MI	DO	FR	SA	SO

INTENSITÄT	1	2	3	4	5	6	7	8	9	10

WETTER	TEMPERATUR

SCHMERZORT

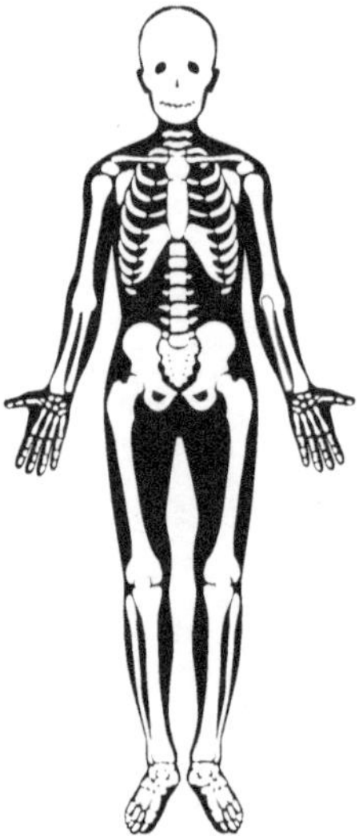

VORNE

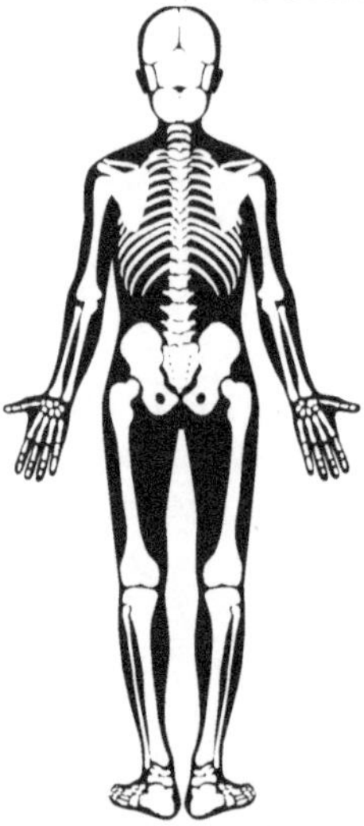

HINTEN

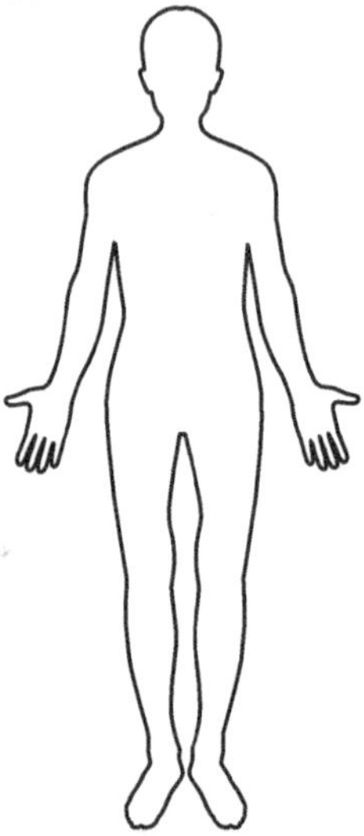

VORNE

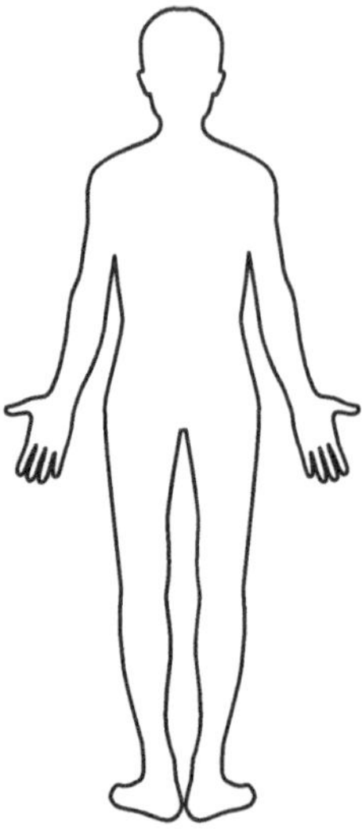

HINTEN

SCHMERZART

- ☐ STECHEND
- ☐ GLEICHBLEIBEND
- ☐ BRENNEND
- ☐ DUMPF
- ☐ WANDERND
- ☐ SCHNEIDEND
- ☐ ZIEHEND
- ☐ HÄMMERND
- ☐ KRAMPFARTIG
- ☐ POCHEND
- ☐ QUÄLEND
- ☐ UNERTRÄGLICH
- ☐ ERMÜRBEND
- ☐ REIßEND
- ☐ PULSIEREND
- ☐ ____________
- ☐ ____________
- ☐ ____________

ERNÄHRUNG	BEWEGUNG / SPORT

SYMPTOME

AUSLÖSER

HILFSMAßNAHMEN/WIRKUNG

NOTIZEN

DATUM	MO	DI	MI	DO	FR	SA	SO

INTENSITÄT	1	2	3	4	5	6	7	8	9	10

WETTER	TEMPERATUR

SCHMERZORT

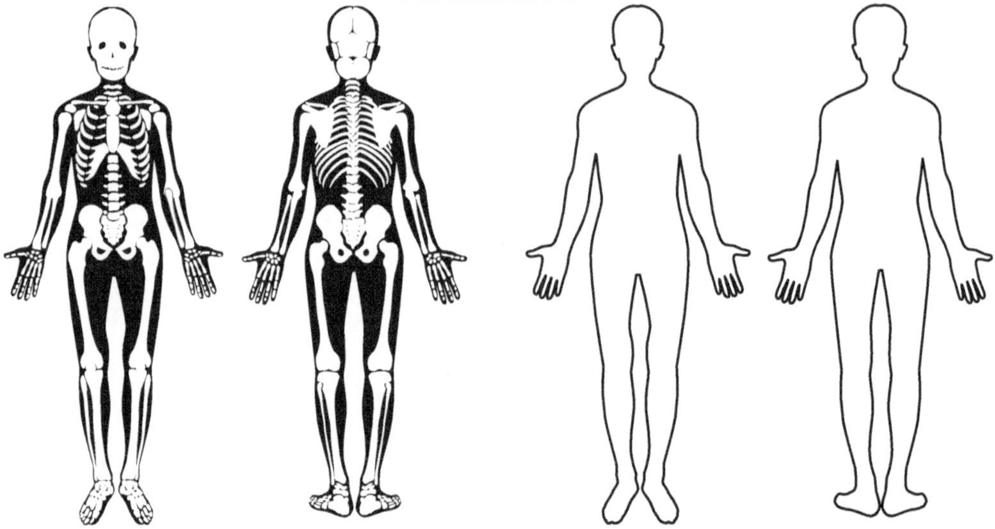

VORNE HINTEN VORNE HINTEN

SCHMERZART

☐ STECHEND	☐ ZIEHEND	☐ ERMÜRBEND
☐ GLEICHBLEIBEND	☐ HÄMMERND	☐ REIẞEND
☐ BRENNEND	☐ KRAMPFARTIG	☐ PULSIEREND
☐ DUMPF	☐ POCHEND	☐ ______________
☐ WANDERND	☐ QUÄLEND	☐ ______________
☐ SCHNEIDEND	☐ UNERTRÄGLICH	☐ ______________

ERNÄHRUNG	BEWEGUNG / SPORT

SYMPTOME

AUSLÖSER

HILFSMAßNAHMEN/WIRKUNG

NOTIZEN

DATUM	MO	DI	MI	DO	FR	SA	SO

INTENSITÄT	1	2	3	4	5	6	7	8	9	10

WETTER	TEMPERATUR

SCHMERZORT

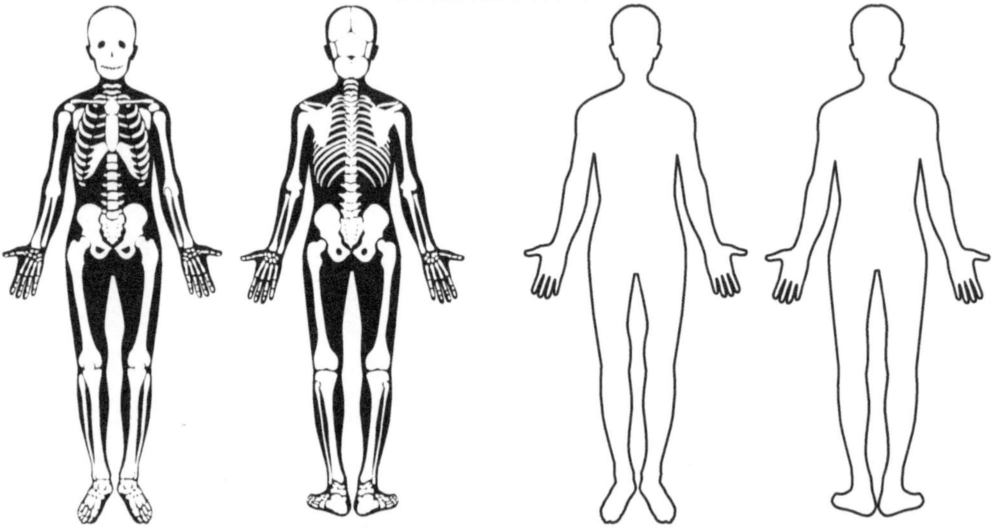

VORNE HINTEN VORNE HINTEN

SCHMERZART

☐ STECHEND
☐ GLEICHBLEIBEND
☐ BRENNEND
☐ DUMPF
☐ WANDERND
☐ SCHNEIDEND
☐ ZIEHEND
☐ HÄMMERND
☐ KRAMPFARTIG
☐ POCHEND
☐ QUÄLEND
☐ UNERTRÄGLICH
☐ ERMÜRBEND
☐ REIßEND
☐ PULSIEREND
☐ ____________
☐ ____________
☐ ____________

ERNÄHRUNG	BEWEGUNG / SPORT

SYMPTOME

AUSLÖSER

HILFSMAßNAHMEN/WIRKUNG

NOTIZEN

DATUM	MO	DI	MI	DO	FR	SA	SO

INTENSITÄT	1	2	3	4	5	6	7	8	9	10

WETTER	TEMPERATUR

SCHMERZORT

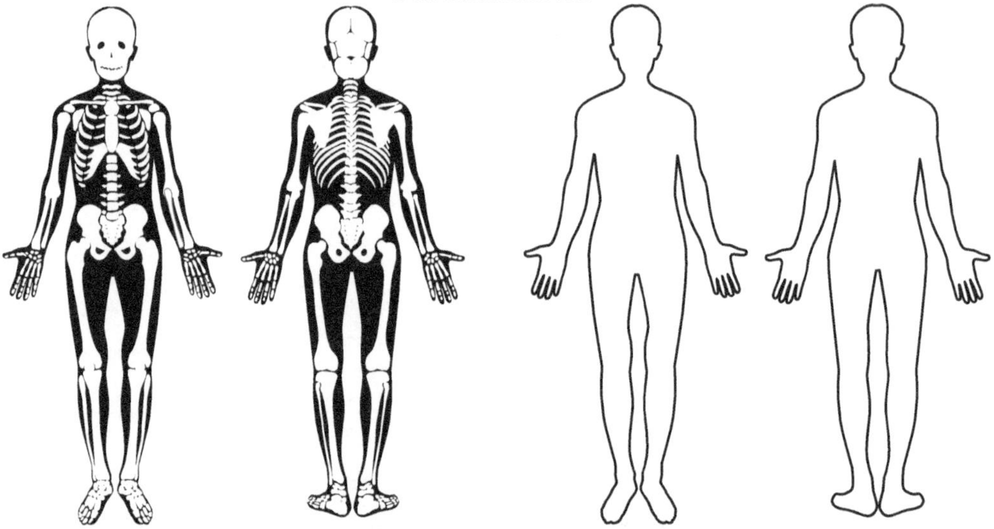

VORNE HINTEN VORNE HINTEN

SCHMERZART

☐ STECHEND	☐ ZIEHEND	☐ ERMÜRBEND
☐ GLEICHBLEIBEND	☐ HÄMMERND	☐ REIßEND
☐ BRENNEND	☐ KRAMPFARTIG	☐ PULSIEREND
☐ DUMPF	☐ POCHEND	☐ ____________
☐ WANDERND	☐ QUÄLEND	☐ ____________
☐ SCHNEIDEND	☐ UNERTRÄGLICH	☐ ____________

ERNÄHRUNG	BEWEGUNG / SPORT

SYMPTOME

AUSLÖSER

HILFSMAẞNAHMEN/WIRKUNG

NOTIZEN

DATUM	MO	DI	MI	DO	FR	SA	SO

INTENSITÄT	1	2	3	4	5	6	7	8	9	10

WETTER	TEMPERATUR

SCHMERZORT

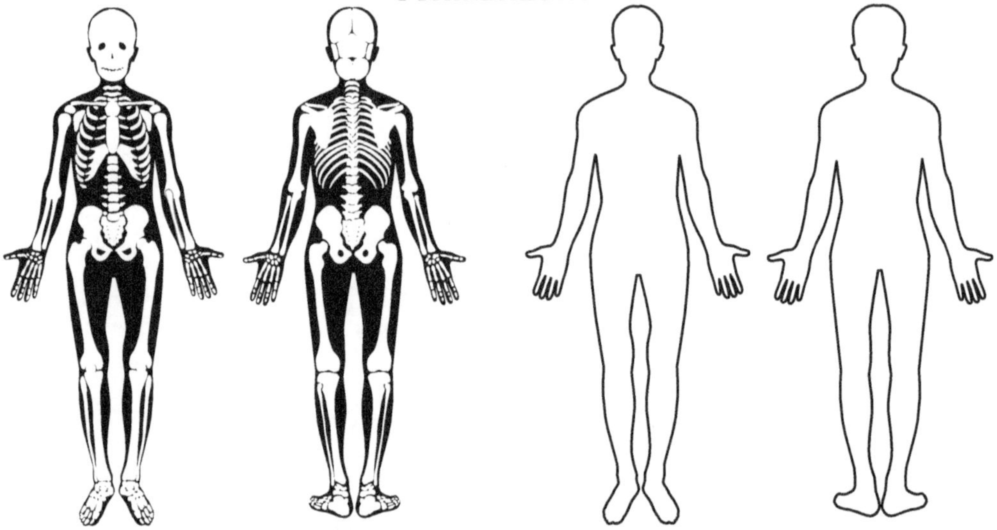

VORNE HINTEN VORNE HINTEN

SCHMERZART

- ☐ STECHEND
- ☐ GLEICHBLEIBEND
- ☐ BRENNEND
- ☐ DUMPF
- ☐ WANDERND
- ☐ SCHNEIDEND
- ☐ ZIEHEND
- ☐ HÄMMERND
- ☐ KRAMPFARTIG
- ☐ POCHEND
- ☐ QUÄLEND
- ☐ UNERTRÄGLICH
- ☐ ERMÜRBEND
- ☐ REIßEND
- ☐ PULSIEREND
- ☐ ____________
- ☐ ____________
- ☐ ____________

ERNÄHRUNG	BEWEGUNG / SPORT

SYMPTOME

AUSLÖSER

HILFSMAßNAHMEN/WIRKUNG

NOTIZEN

DATUM	MO	DI	MI	DO	FR	SA	SO

INTENSITÄT	1	2	3	4	5	6	7	8	9	10

WETTER	TEMPERATUR

SCHMERZORT

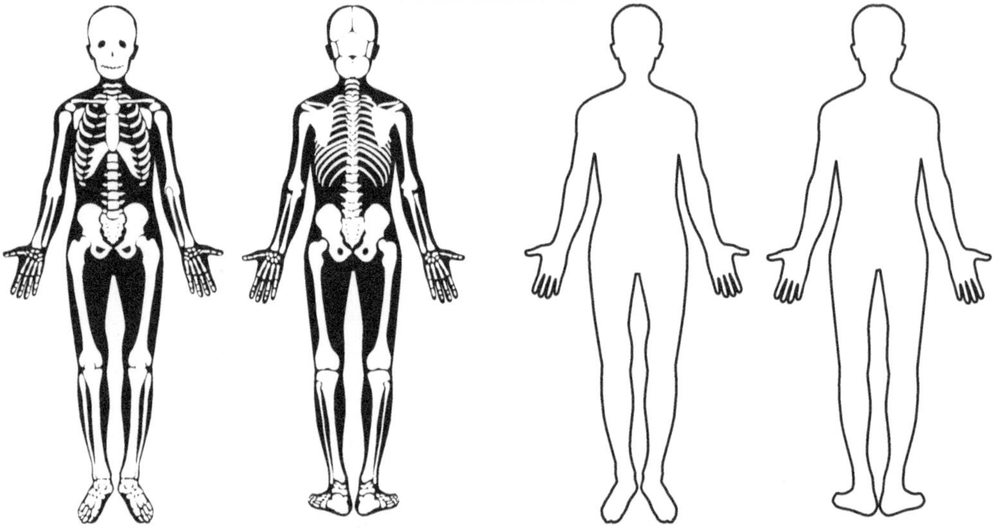

SCHMERZART

- ☐ STECHEND
- ☐ GLEICHBLEIBEND
- ☐ BRENNEND
- ☐ DUMPF
- ☐ WANDERND
- ☐ SCHNEIDEND
- ☐ ZIEHEND
- ☐ HÄMMERND
- ☐ KRAMPFARTIG
- ☐ POCHEND
- ☐ QUÄLEND
- ☐ UNERTRÄGLICH
- ☐ ERMÜRBEND
- ☐ REIßEND
- ☐ PULSIEREND
- ☐ ____________
- ☐ ____________
- ☐ ____________

ERNÄHRUNG	BEWEGUNG / SPORT

SYMPTOME

AUSLÖSER

HILFSMAẞNAHMEN/WIRKUNG

NOTIZEN

DATUM	MO	DI	MI	DO	FR	SA	SO

INTENSITÄT	1	2	3	4	5	6	7	8	9	10

WETTER	TEMPERATUR

SCHMERZORT

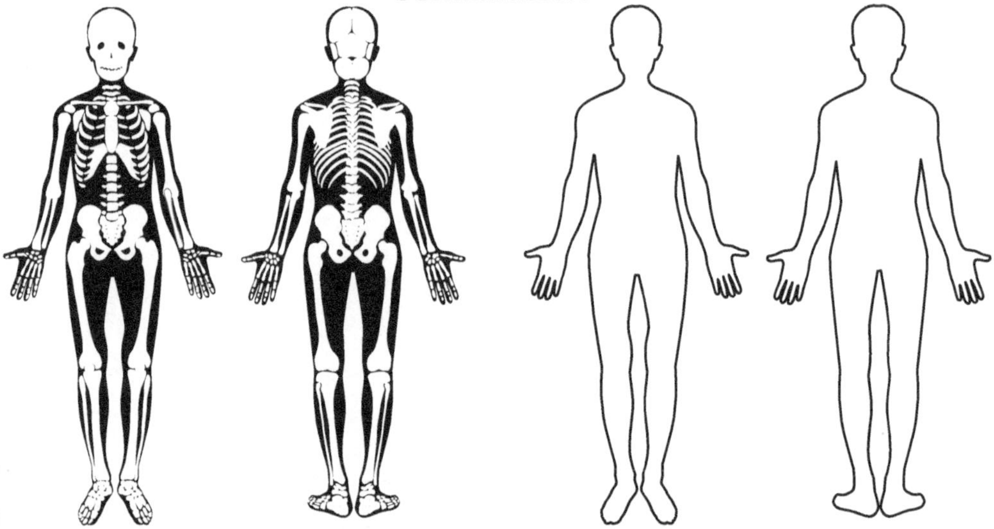

VORNE HINTEN VORNE HINTEN

SCHMERZART

- ☐ STECHEND
- ☐ GLEICHBLEIBEND
- ☐ BRENNEND
- ☐ DUMPF
- ☐ WANDERND
- ☐ SCHNEIDEND
- ☐ ZIEHEND
- ☐ HÄMMERND
- ☐ KRAMPFARTIG
- ☐ POCHEND
- ☐ QUÄLEND
- ☐ UNERTRÄGLICH
- ☐ ERMÜRBEND
- ☐ REIẞEND
- ☐ PULSIEREND
- ☐ ______________
- ☐ ______________
- ☐ ______________

ERNÄHRUNG	BEWEGUNG / SPORT

SYMPTOME

AUSLÖSER

HILFSMAẞNAHMEN/WIRKUNG

NOTIZEN

DATUM	MO	DI	MI	DO	FR	SA	SO

INTENSITÄT	1	2	3	4	5	6	7	8	9	10

WETTER	TEMPERATUR

SCHMERZORT

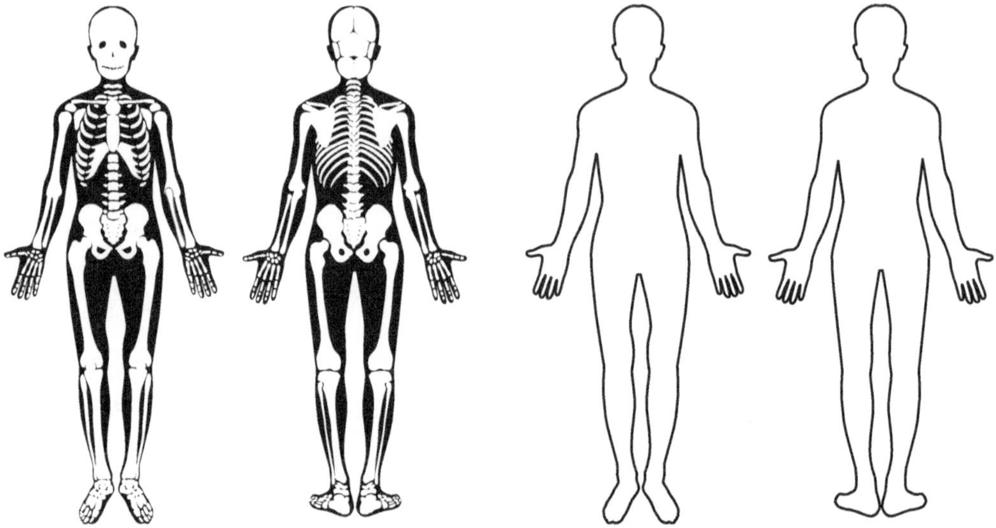

VORNE HINTEN VORNE HINTEN

SCHMERZART

☐ STECHEND	☐ ZIEHEND	☐ ERMÜRBEND
☐ GLEICHBLEIBEND	☐ HÄMMERND	☐ REIẞEND
☐ BRENNEND	☐ KRAMPFARTIG	☐ PULSIEREND
☐ DUMPF	☐ POCHEND	☐ ____________
☐ WANDERND	☐ QUÄLEND	☐ ____________
☐ SCHNEIDEND	☐ UNERTRÄGLICH	☐ ____________

ERNÄHRUNG	BEWEGUNG / SPORT

SYMPTOME

AUSLÖSER

HILFSMAßNAHMEN/WIRKUNG

NOTIZEN

DATUM	MO	DI	MI	DO	FR	SA	SO

INTENSITÄT	1	2	3	4	5	6	7	8	9	10

WETTER	TEMPERATUR

SCHMERZORT

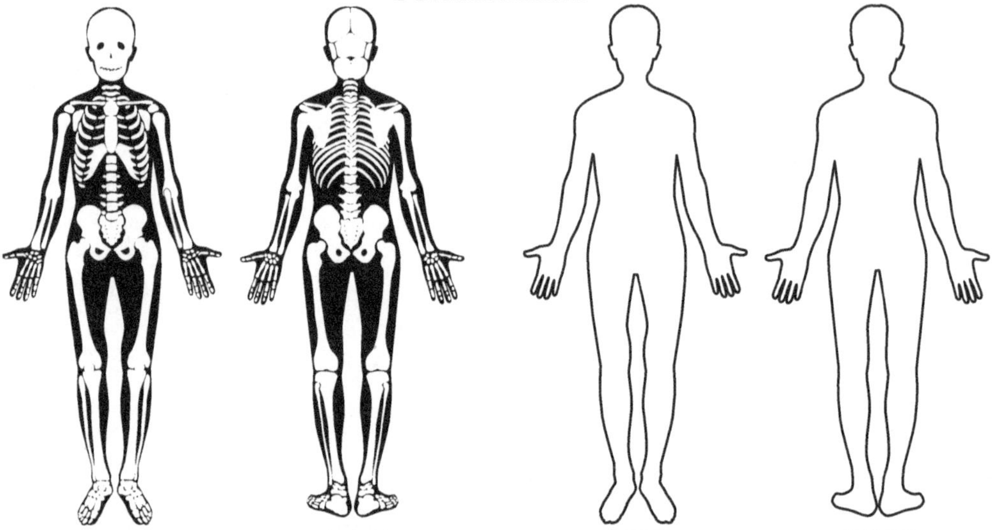

SCHMERZART

- ☐ STECHEND
- ☐ GLEICHBLEIBEND
- ☐ BRENNEND
- ☐ DUMPF
- ☐ WANDERND
- ☐ SCHNEIDEND
- ☐ ZIEHEND
- ☐ HÄMMERND
- ☐ KRAMPFARTIG
- ☐ POCHEND
- ☐ QUÄLEND
- ☐ UNERTRÄGLICH
- ☐ ERMÜRBEND
- ☐ REIẞEND
- ☐ PULSIEREND
- ☐ ____________
- ☐ ____________
- ☐ ____________

ERNÄHRUNG	BEWEGUNG / SPORT

SYMPTOME

AUSLÖSER

HILFSMAßNAHMEN/WIRKUNG

NOTIZEN

DATUM	MO	DI	MI	DO	FR	SA	SO

INTENSITÄT	1	2	3	4	5	6	7	8	9	10

WETTER	TEMPERATUR

SCHMERZORT

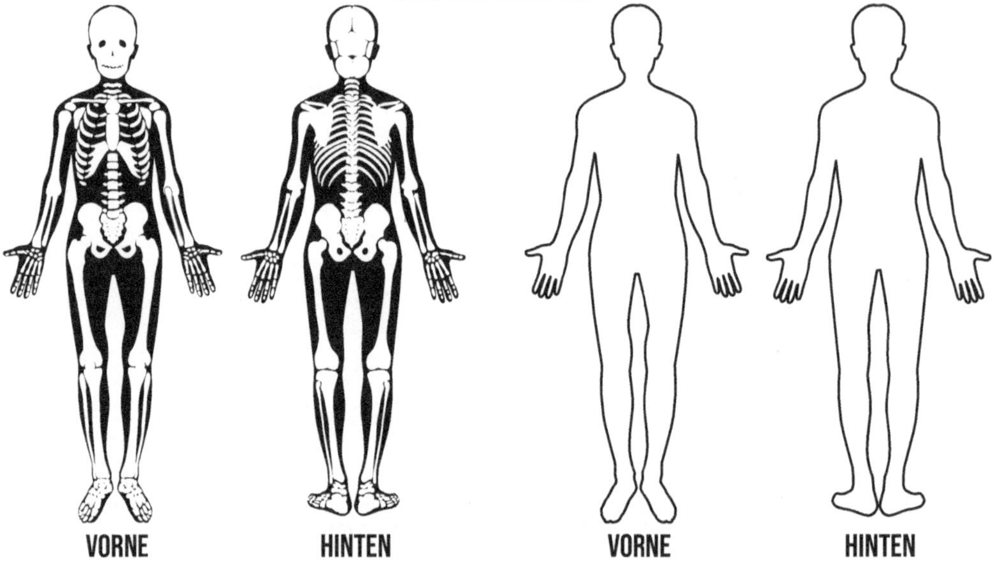

SCHMERZART

☐ STECHEND	☐ ZIEHEND	☐ ERMÜRBEND
☐ GLEICHBLEIBEND	☐ HÄMMERND	☐ REIßEND
☐ BRENNEND	☐ KRAMPFARTIG	☐ PULSIEREND
☐ DUMPF	☐ POCHEND	☐ ____________
☐ WANDERND	☐ QUÄLEND	☐ ____________
☐ SCHNEIDEND	☐ UNERTRÄGLICH	☐ ____________

ERNÄHRUNG	BEWEGUNG / SPORT

SYMPTOME

AUSLÖSER

HILFSMAßNAHMEN/WIRKUNG

NOTIZEN

DATUM	MO	DI	MI	DO	FR	SA	SO

INTENSITÄT	1	2	3	4	5	6	7	8	9	10

WETTER	TEMPERATUR

SCHMERZORT

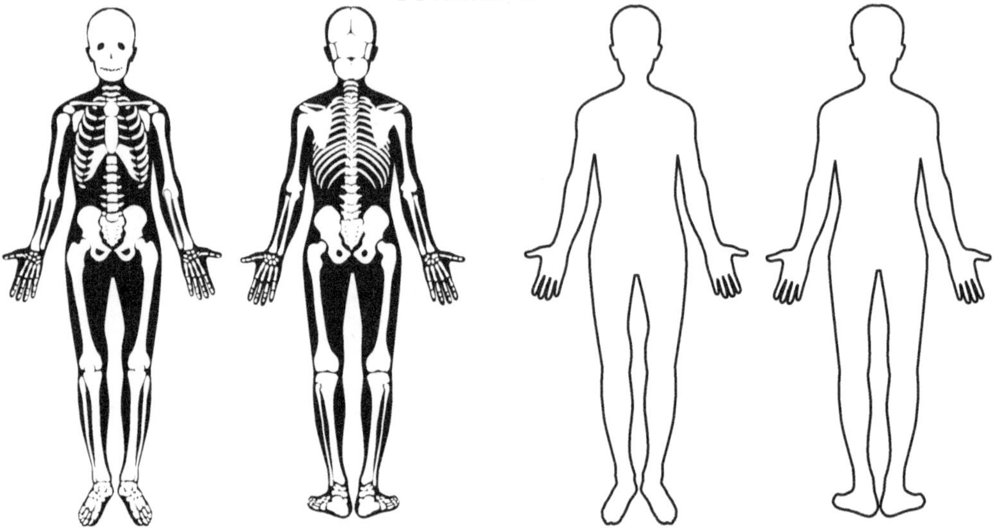

SCHMERZART

- ☐ STECHEND
- ☐ GLEICHBLEIBEND
- ☐ BRENNEND
- ☐ DUMPF
- ☐ WANDERND
- ☐ SCHNEIDEND
- ☐ ZIEHEND
- ☐ HÄMMERND
- ☐ KRAMPFARTIG
- ☐ POCHEND
- ☐ QUÄLEND
- ☐ UNERTRÄGLICH
- ☐ ERMÜRBEND
- ☐ REIẞEND
- ☐ PULSIEREND
- ☐ ____________
- ☐ ____________
- ☐ ____________

ERNÄHRUNG	BEWEGUNG / SPORT

SYMPTOME

AUSLÖSER

HILFSMAßNAHMEN/WIRKUNG

NOTIZEN

DATUM	MO	DI	MI	DO	FR	SA	SO

INTENSITÄT	1	2	3	4	5	6	7	8	9	10

WETTER	TEMPERATUR

SCHMERZORT

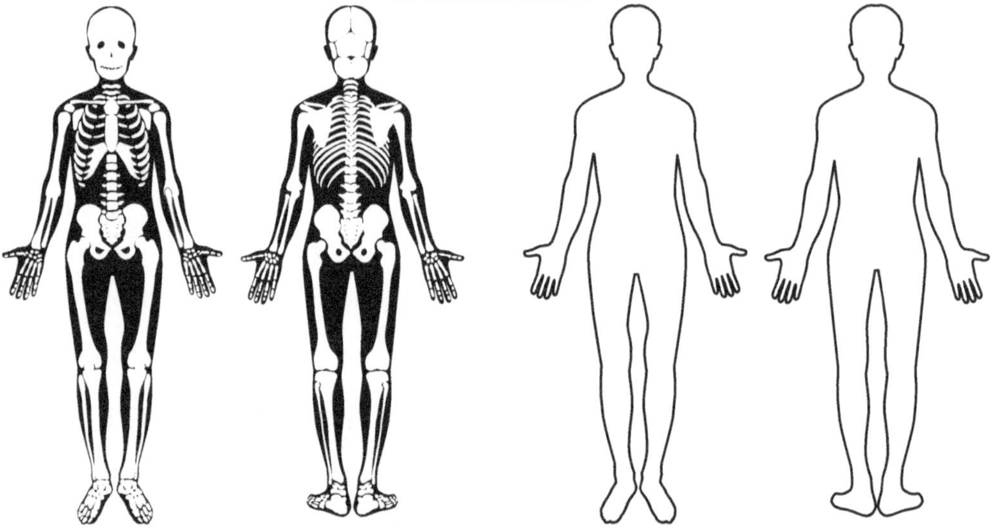

SCHMERZART

- ☐ STECHEND
- ☐ GLEICHBLEIBEND
- ☐ BRENNEND
- ☐ DUMPF
- ☐ WANDERND
- ☐ SCHNEIDEND
- ☐ ZIEHEND
- ☐ HÄMMERND
- ☐ KRAMPFARTIG
- ☐ POCHEND
- ☐ QUÄLEND
- ☐ UNERTRÄGLICH
- ☐ ERMÜRBEND
- ☐ REIßEND
- ☐ PULSIEREND
- ☐ ____________
- ☐ ____________
- ☐ ____________

ERNÄHRUNG	BEWEGUNG / SPORT

SYMPTOME

AUSLÖSER

HILFSMAẞNAHMEN/WIRKUNG

NOTIZEN

DATUM	MO	DI	MI	DO	FR	SA	SO

INTENSITÄT	1	2	3	4	5	6	7	8	9	10

WETTER	TEMPERATUR

SCHMERZORT

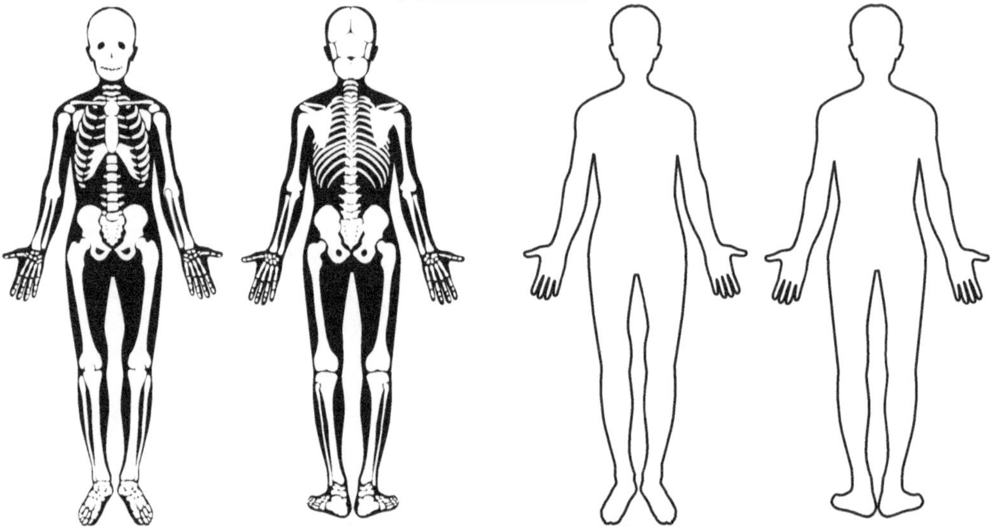

SCHMERZART

- ☐ STECHEND
- ☐ GLEICHBLEIBEND
- ☐ BRENNEND
- ☐ DUMPF
- ☐ WANDERND
- ☐ SCHNEIDEND
- ☐ ZIEHEND
- ☐ HÄMMERND
- ☐ KRAMPFARTIG
- ☐ POCHEND
- ☐ QUÄLEND
- ☐ UNERTRÄGLICH
- ☐ ERMÜRBEND
- ☐ REIßEND
- ☐ PULSIEREND
- ☐ ____________
- ☐ ____________
- ☐ ____________

ERNÄHRUNG	BEWEGUNG / SPORT

SYMPTOME

AUSLÖSER

HILFSMAẞNAHMEN/WIRKUNG

NOTIZEN

Printed in France by Amazon
Brétigny-sur-Orge, FR

24653483R00067